Heike Frerichs

Chemische Versuche aus dem Alltag

Experimente mit einfachen Mitteln
7.–9. Klasse

Persen Verlag GmbH

Die Autorin:
Heike Frerichs studierte Chemie in Göttingen. Als Laborleiterin im Institut für Hygiene und Umwelt, Hamburg, engagiert sie sich u. a. in der Ausbildung der Chemielaboranten.

Gedruckt auf umweltbewusst gefertigtem, chlorfrei gebleichtem
und alterungsbeständigem Papier.

Nach den seit 2006 amtlich gültigen Regelungen der Rechtschreibung.

1. Auflage 2009

Illustrationen: Manfred Koch/Nataly Meenen (Cover)
Satz: DTP Studio Koch, Oberweißbach

ISBN: 978-3-8344-**3378**-7

www.persen.de

Einführung

Das vorliegende Buch „Chemische Versuche aus dem Alltag" enthält Arbeitsblätter für den Chemieunterricht der Sekundarstufe I. Es dient der Vorbereitung und Durchführung von Schülerexperimenten, die – neben den Basisexperimentiertechniken wie zum Beispiel Wägen und Pipettieren – einfache chemische Grundlagen vermitteln sollen. Besonderen Wert wurde auf die Verwendung unkritischer, einfach zu be- und entsorgender Chemikalien gelegt, die vielfach aus dem Super- oder Baumarkt stammen.

Die Experimente sind praxiserprobt, der größere Teil der Experimente ist einfach durchführbar und erfordert ein Minimum an Vorbereitung. Damit sind sie besonders geeignet, schülerorientierten Unterricht erfolgreich zu gestalten und den Schülerinnen und Schülern die Freude am Entdecken zu vermitteln. Der Praxisbezug drückt sich in der Verwendung alltagsrelevanter Stoffe aus. Darüber hinaus verknüpfen die jedem Experiment angeschlossenen Aufgaben die bearbeitete Aufgabenstellung mit dem Alltag der Schülerinnen und Schüler z. B. durch Bezüge zur aktuellen Gesetzgebung, Prüfung der Darstellung chemischer Sachverhalte in den Medien hinsichtlich fachlicher Richtigkeit oder durch Hinterfragen von Alltagsphänomenen. Die Aufgaben bieten Möglichkeiten zur Differenzierung und helfen, die Unterforderung einzelner Schülerinnen und Schüler zu vermeiden.

Neben den Hinweisen zu Gefahrenquellen und zur Entsorgung werden bei jedem Experiment weiterführende Informationen gegeben, auch mögliche Fehlerquellen werden genannt.

Vor Beginn sollte mit den Schülerinnen und Schülern ausführlich über die Regeln des Experimentierens im Unterricht sowie über die Gefahrensymbole gesprochen werden. Auch dazu finden sich Hilfen in diesem Buch.

❶ So gekennzeichnete Aufgaben sind besonders für leistungsstärkere Schülerinnen und Schüler geeignet.

Regeln für das Experimentieren im Unterricht

Vor dem Experiment

1. Versuchsanleitung gründlich lesen
2. Über die Eigenschaften der im Versuch benötigten Stoffe und über mögliche Gefahren, die von diesen Stoffen ausgehen, sollte man sich informieren.
3. Wer lange Haare hat, sollte diese beim Arbeiten mit dem Brenner zusammenbinden. Haare sind brennbar.

Während des Experiments: Sicherheit und Gesundheit gehen vor!

4. Sind die Sicherheitseinrichtungen des Labors in Ordnung? Wo befinden sich Augendusche, Verbandskasten und Notausgang?
5. Gasbrenner, Apparaturen und Chemikalien nicht zu nahe an der Tischkante aufbauen.
6. Beim Experimentieren mit Chemikalien dürfen keine Geschmacksprüfungen durchgeführt werden. Die meisten Laborchemikalien sind gesundheitsschädlich, giftig oder ätzend. Beachte die Gefahrensymbole auf den Verpackungen (siehe dazu auch S. 6 und die Arbeitsblätter dazu.)
7. Geruchsprobe gewünscht? Dämpfe nur zufächeln, Gase können giftig oder ätzend sein.
8. Beim Erhitzen von Flüssigkeiten niemals die Öffnung des Gefäßes auf sich oder auf andere Personen richten. Kochende Flüssigkeit könnte plötzlich herausspritzen (Siedeverzug).
9. Beim Eindampfen von Lösungsmitteln unter dem eingeschalteten Abzug arbeiten.
10. Bei manchen Experimenten muss eine Schutzbrille getragen werden. Eine normale Brille reicht nicht aus.
11. Chemikalien nicht mit der bloßen Hand anfassen, Spatel, Pipetten oder Tiegelzange verwenden.
12. Lösungen, Lösungsmittel, Säuren und Laugen nicht mit dem Mund pipettieren. Pelaeusball oder Pipettenhütchen benutzen.
13. Beim Umfüllen von Flüssigkeiten in ein Enghalsgefäß immer einen Trichter benutzen.
14. Flaschen mit Lösungsmitteln sofort wieder verschließen. Das gilt besonders für brennbare Flüssigkeiten.
15. Von Ausnahmen abgesehen gib keine entnommenen Chemikalien wieder in den Vorratsbehälter zurück. Deshalb jeweils nur kleine Portionen entnehmen.
16. Beachte die Apothekerregel: Erst das Etikett – dann die Substanz!
17. Chemikalien nicht in Getränkeflaschen oder Speisebehälter füllen, das kann zu gefährlichen Verwechslungen führen!
18. Beim Verdünnen konzentrierter Säuren ist grundsätzlich die Säure vorsichtig in das Wasser zu geben. Niemals umgekehrt! Die frei werdende Lösungswärme könnte sonst zu Siedeverzügen führen: *„Erst das Wasser, dann die Säure, sonst geschieht das Ungeheure.“*

Nach dem Experiment

19. Achtung Chemikalienreste: Lies die Tipps zur Entsorgung bei dem jeweiligen Experiment bzw. frage deinen Lehrer oder deine Lehrerin, wie die Reste zu entsorgen sind.
20. Gasbrenner, die nicht gebraucht werden, müssen ausgestellt werden. Offene Flammen am Gasbrenner nicht unbeaufsichtigt lassen.

Es ist etwas passiert?

Augen:	Augendusche mit frischem Wasser befüllen und gründlich spülen!
Haut verätzt:	Unter fließendem Wasser spülen!
Verbrennung:	Mit fließendem Wasser spülen!

... und in jedem Fall deinen Lehrer rufen!

Neue und alte Gefahrensymbole – ein Vergleich

Alle chemischen Stoffe und Produkte (Chemikaliengemische) sind mit Warnhinweisen, sogenannten Gefahrensymbolen, gekennzeichnet. Diese weisen auf Gesundheitsgefahren hin, die von diesen Chemikalien ausgehen können. Manche machen auch auf die schädliche Wirkung aufmerksam, die von diesen Chemikalien auf die Umwelt ausgeht. Sicherheitshinweise informieren darüber hinaus, wie man die mit dem Produkt verbundenen Risiken verringern kann und wie bei Vergiftungen reagiert werden sollte.

Seit dem 1. 12. 2008 werden weltweit auf Verpackungen für chemische Stoffe und Produkte (Gemische) neue Gefahrenkennzeichnungen verwendet (Global Harmonisiertes System – GHS). Um den Herstellern eine Übergangszeit für die Umstellung ihrer Produkte zu ermöglichen, dürfen die alten Kennzeichnungen für reine Chemikalien noch bis 2010, für Gemische noch bis 2015 genutzt weren. Da Lagerbestände dann noch weitere zwei Jahre verkauft werden dürfen, können noch bis 2012 bzw. 2017 Verpackungen mit alten Kennzeichnungen im Handel sein (Quelle: Bundesinstitut für Risikobewertung Berlin, *www.bfr.bund.de*). Mit Ablauf der Übergangsfristen verlieren die bisher parallel verwendeten R- und S-Sätze (Risk and Safety) ihre Gültigkeit. Die neuen Zeichen werden mit Warnworten wie „Gefahr" (größeres Risiko) oder „Achtung" (geringeres Risiko) kombiniert.

Die folgende Gegenüberstellung zeigt die wichtigsten Kennzeichnungen:

Kennzeichnung ab 2008	Beschreibung[1]	Bis 2017 noch erlaubt
	**Tödliche Vergiftung** Produkte können selbst in kleinen Mengen auf der Haut, durch Einatmen oder Verschlucken zu schweren oder gar tödlichen Vergiftungen führen. Die meisten dieser Produkte sind Verbrauchern nur eingeschränkt zugänglich. Lassen Sie keinen direkten Kontakt zu.	oder 
	**Schwerer Gesundheitsschaden, bei Kindern möglicherweise mit Todesfolge** Produkte können schwere Gesundheitsschäden verursachen. Dieses Symbol warnt vor einer Gefährdung der Schwangerschaft, einer krebserzeugenden Wirkung und ähnlich schweren Gesundheitsrisiken. Produkte sind mit Vorsicht zu benutzen.	oder 
	**Zerstörung von Haut oder Augen** Produkte können bereits nach kurzem Kontakt Hautflächen mit Narbenbildung schädigen oder in den Augen zu dauerhaften Sehstörungen führen. Schützen Sie beim Gebrauch Haut und Augen!	oder 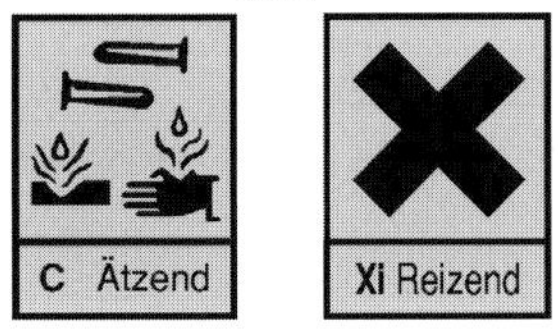
	**Gesundheitsgefährdung** Vor allen Gefahren, die in kleinen Mengen nicht zum Tod oder einem schweren Gesundheitsschaden führen, wird so gewarnt. Hierzu gehört die Reizung der Haut oder die Auslösung einer Allergie. Das Symbol wird aber auch als Warnung vor anderen Gefahren, wie der Entzündbarkeit genutzt.	oder 
	**Gefährlich für Tiere und die Umwelt** Produkte können in der Umwelt kurz- oder langfristig Schäden verursachen. Sie können kleine Tiere (Wasserflöhe und Fische) töten oder auch längerfristig in der Umwelt schädlich wirken. Keinesfalls ins Abwasser oder den Hausmüll schütten!	
	**Entzündet sich schnell** Produkte entzünden sich schnell in der Nähe von Hitze oder Flammen. Sprays mit dieser Kennzeichnung dürfen keineswegs auf heiße Oberflächen oder in der Nähe offener Flammen versprüht werden.	oder 

Die neuen Gefahrensymbole haben einen roten Rahmen, die alten einen schwarzen und sind auf orangefarbenem Grund.

[1] Text mit Genehmigung des Bundesinstituts für Risikobewertung

1. Fülle die Lücken wie im Beispiel aus.

Beispiel:

Gefahrenklasse: *Entzündet sich schnell!*

Beschreibung: *Produkte entzünden sich schnell in der Nähe von Hitze und Flammen.*

Zu beachten: *Sprays nicht auf heiße Oberflächen sprühen.*

a)

Gefahrenklasse: ____________________

Beschreibung: ____________________

Zu beachten: ____________________

b)

Gefahrenklasse: ____________________

Beschreibung: ____________________

Zu beachten: ____________________

c)

Gefahrenklasse: ____________________

Beschreibung: ____________________

Zu beachten: ____________________

d)

Gefahrenklasse: ______________________________

Beschreibung: ______________________________

Zu beachten: ______________________________

e)

Gefahrenklasse: ______________________________

Beschreibung: ______________________________

Zu beachten: ______________________________

2. Die folgenden Chemikaliengebinde sind noch mit den alten Gefahrensymbolen gekennzeichnet. Ordne ihnen die Buchstaben der neuen Zeichen zu.

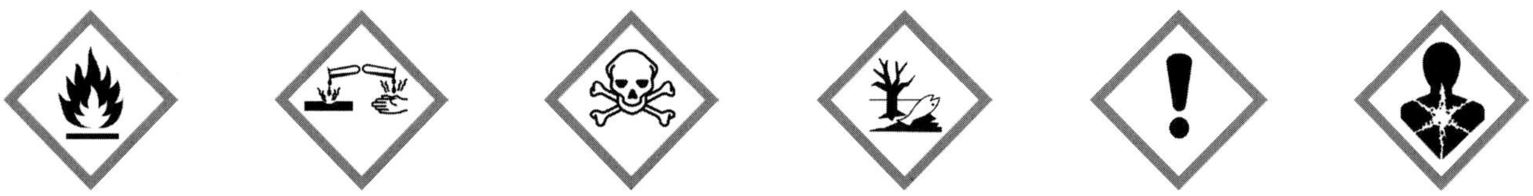

A **B** **C** **D** **E** **F**

a) Natriumhydroxid

____

b) Natriumhypochloritlösung

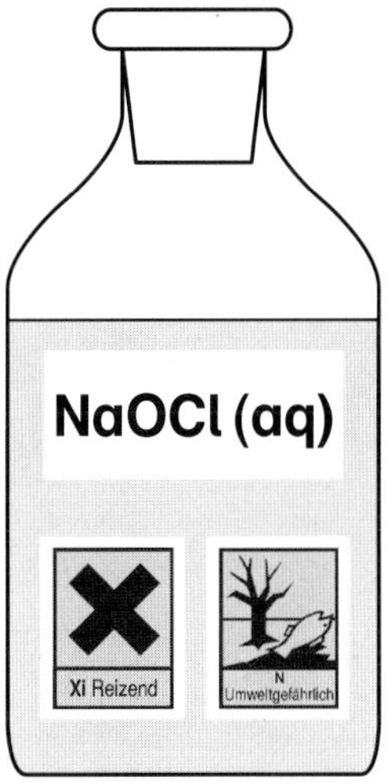

____

3. In der Chemikaliensammlung finden sich zwei Methanolflaschen.

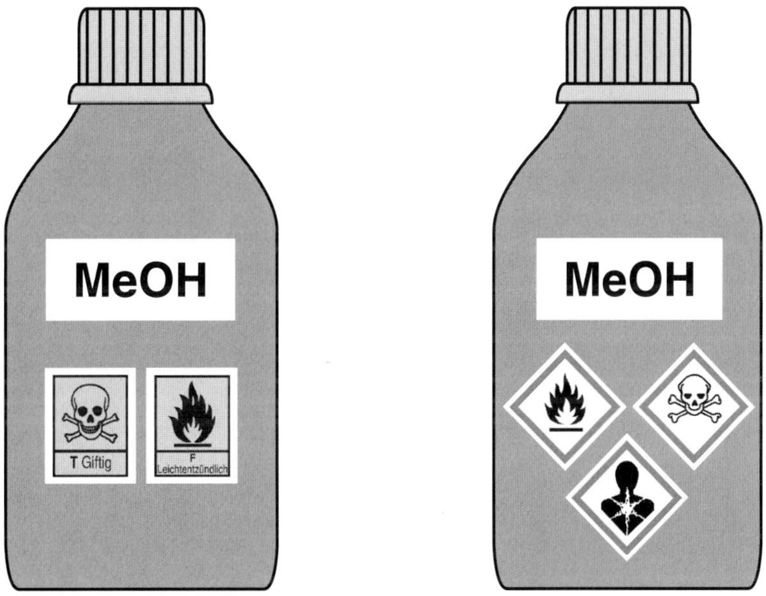

A B

a) Welche steht schon länger dort, welche ist ganz neu?

____

b) Vergleiche die Gefahrensymbole: Wie hat sich die Bewertung von Methanol geändert?

____

____

____

LABORGERÄTE

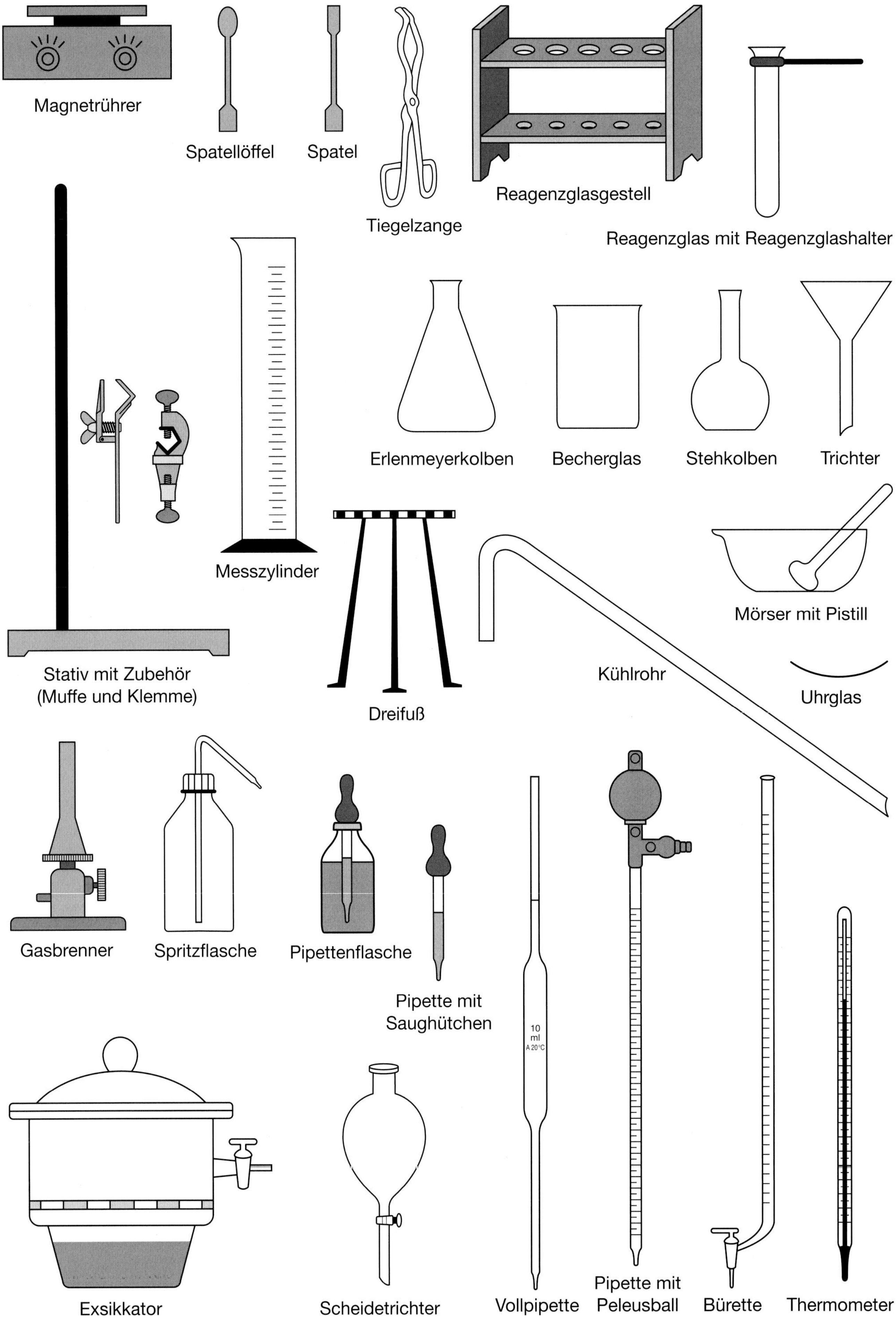

Aufgabe 1

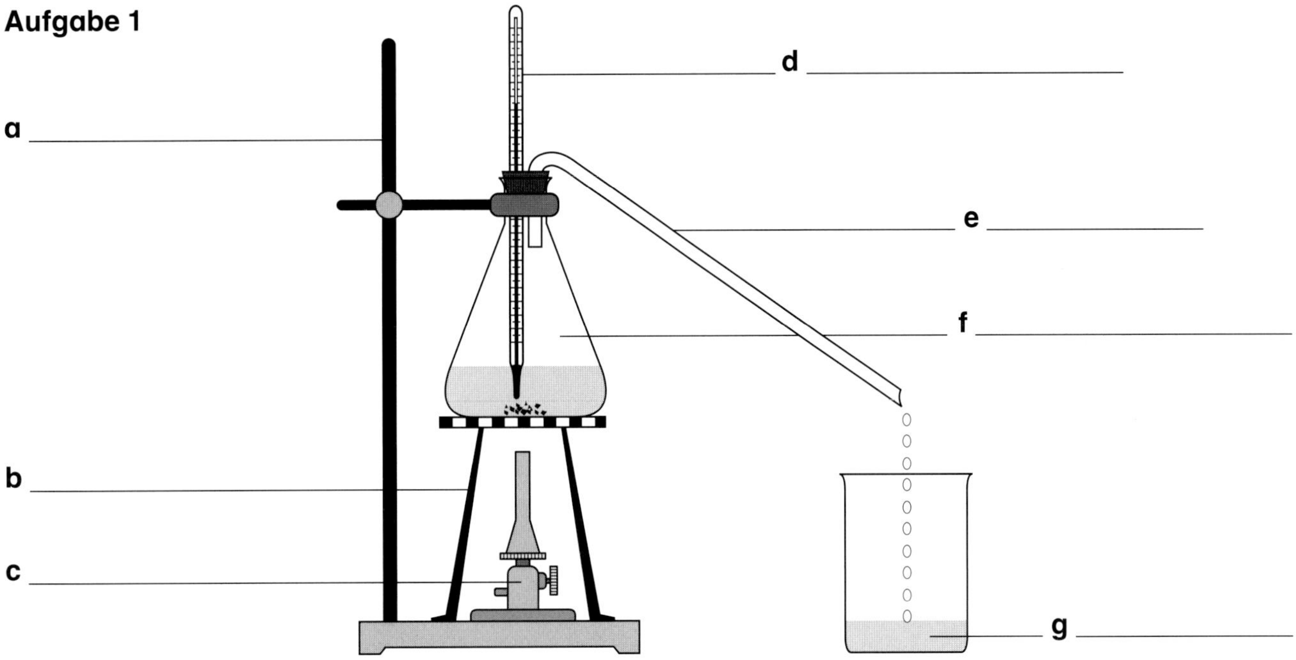

① Benenne die einzelnen Teile des Versuchsaufbaus.

❷ Wie nennt man diesen Versuchsaufbau insgesamt? ____________________

❸ Wie heißen die kleinen Steinchen in der Flüssigkeit und was sollen diese bewirken?

____

Aufgabe 2

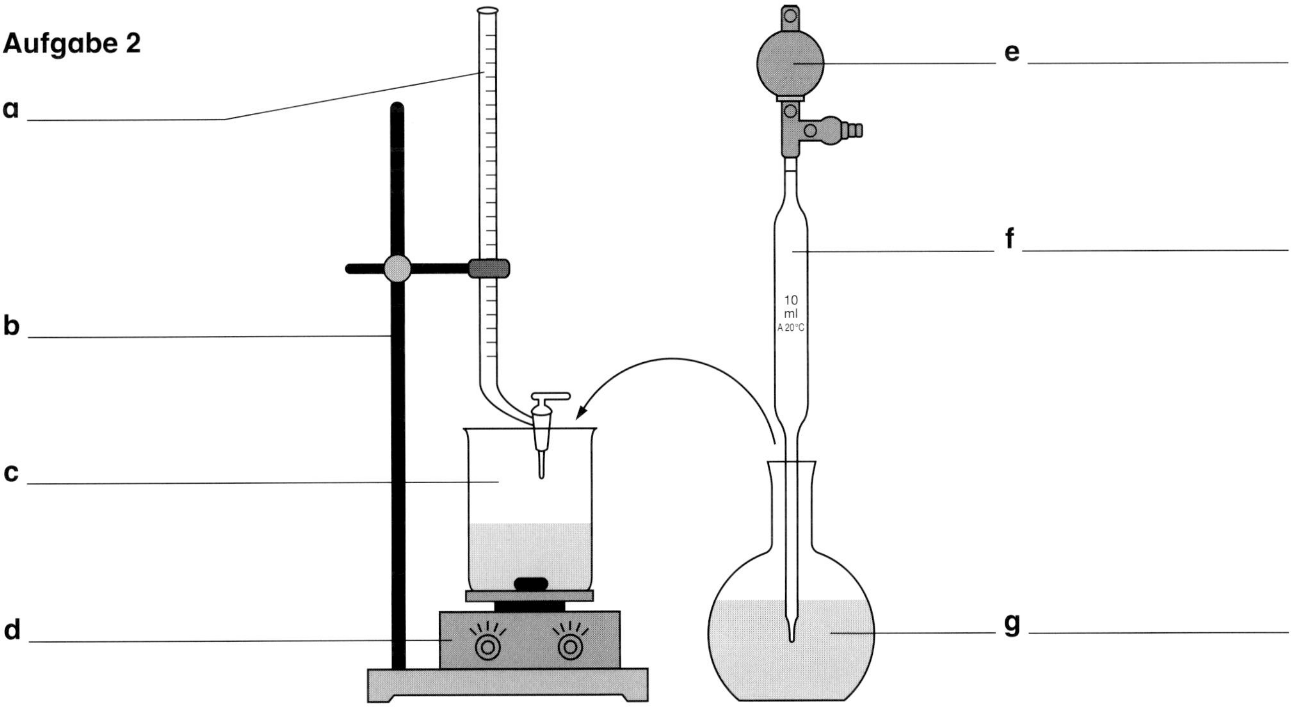

① Benenne die einzelnen Teile des Versuchsaufbaus.

❷ Wozu könnte dieser Versuchsaufbau dienen? ____________________

❸ Wie nennt man im Labor gern den kleinen Magneten in der zu rührenden Flüssigkeit?

____

Bei den Experimenten wird auf die Verwendung möglichst unproblematischer Chemikalien geachtet. Sehr giftige, krebserzeugende oder erbgutverändernde Stoffe werden gar nicht verwendet. Zudem wurden die einzusetzenden Mengen so gewählt, dass keine großen Abfallmengen enstehen. Trotzdem haben Schule und Chemieunterricht Vorbildfunktion für das verantwortungsbewusste Verhalten der Schülerinnen und Schüler bei der Entsorgung von chemischen Stoffen.
Die Entsorgung der Abfälle gehört zum Experiment und sollte mit den Schülerinnen und Schülern besprochen werden.

Bei der Entsorgung wird von folgenden Abfallkategorien ausgegangen:

1. **Kanister: Säuren und Laugen**
2. **Kanister: giftige und organische Stoffe**
3. **Kanister: halogenfreie organische Lösungsmittel**
4. **wasserlösliche, unschädliche Stoffe**
5. **feste, ungiftige Stoffe**

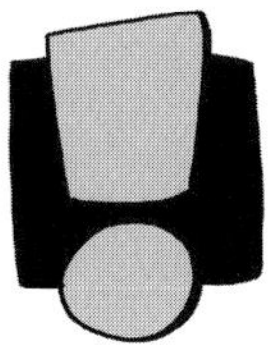

Die Kanister 1–3 müssen durch ein Fachunternehmen entsorgt werden.
Abfallkategorie 4 kann in den Ausguss geschüttet werde, Abfallkategorie 5 in den Hausmülleimer.

Versuch 1: Arbeiten mit dem Bunsenbrenner

Im Chemieunterricht gehört der Brenner zu den wichtigsten Laborgeräten. Man unterscheidet Bunsenbrenner, Teclubrenner, Spiritusbrenner und Kartuschenbrenner. Bunsenbrenner und Teclubrenner (beide benannt nach ihren Erfindern) verwenden Stadtgas als Brennstoff, der Spiritusbrenner natürlich Spiritus, der Kartuschenbrenner eine Gaskartusche, meist mit Propan gefüllt.

Flammentyp	Einstellung Gaszufuhr / Luftzufuhr	Eigenschaften	max. Temperatur °C
Sparflamme	fast geschlossen / geschlossen	geringer Gasverbrauch, nicht sehr heiß	350
leuchtende Flamme	geöffnet / geschlossen	gelb leuchtend, mit dunklem Kern, rußend, da wegen Sauerstoffmangel das Gas nicht vollständig verbrennt	900
nichtleuchtende (entleuchtete) Flamme	geöffnet / halb geschlossen	fast farblos, mittelheiß	1200
rauschende Flamme	geöffnet / geöffnet	hellblauer Kegel über dem Brennerrohr, sehr heiß über dem Kegel, im Kegel „kalt“ (ca. 300 °C)	1300

Der Teclubrenner unterscheidet sich vom Bunsenbrenner nur in der Form seines Kamins und in der Art der Luftzufuhr. Dadurch, dass im Teclubrenner die Luft von unten zugeführt wird und durch den kegelförmigen Kamin, wird eine bessere Durchmischung des Gases mit der Luft erreicht. Es resultieren etwas höhere Temperaturen als beim Bunsenbrenner (Maximaltemperatur Bunsenbrenner: 1000 °C, Teclubrenner: 1300 °C). Insgesamt variieren die Literaturangaben je nach Bauweise des verwendeten Brenners, die qualitative Temperaturverteilung innerhalb der Flammen zeigt die Abbildung:

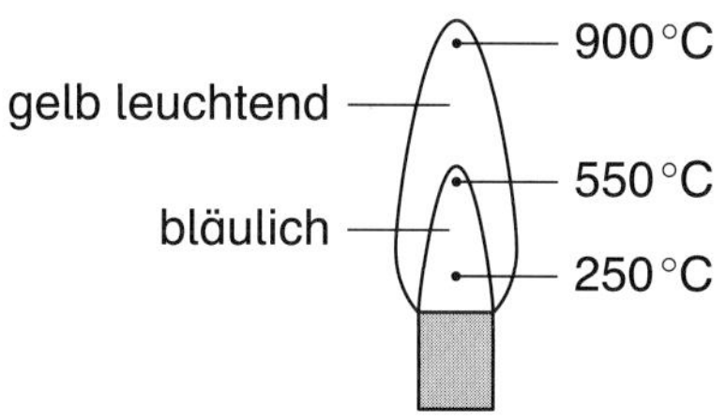

Leuchtende Flamme

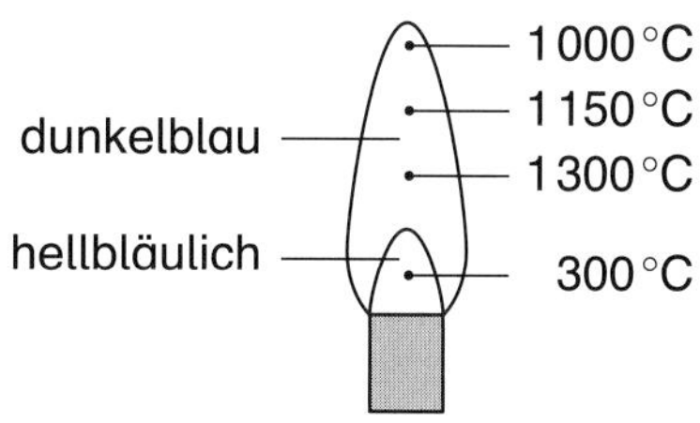

Rauschende Flamme

Versuch 2: Brennbarkeit von Metallen in Abhängigkeit von der Oberfläche

Reine Eisenwolle ist schwer zu beschaffen, genauso wie Eisenblech bzw. -nägel. Stahlwolle bzw. -blech funktioniert jedoch auch, der kleine Kohlenstoffanteil verfälscht das Versuchsergebnis nicht. Besonders effektvoll brennt Stahlwolle der Feinheit Stufe 1 (erhältlich im Baumarkt). Die Stahlwolle sollte keine Putzpasten enthalten.

Bei der Verbrennung von Stahlwolle erfolgt die Oxidation des Eisens durch den Luftsauerstoff. Die Oxidation des Eisens läuft nach folgender Reaktionsgleichung ab:

Die Hauptreaktion:

$$4Fe + 3O_2 \rightarrow 2Fe_2O_3$$

Durch parallele Reaktionen und Folgereaktionen entstehen auch weitere Oxide, z. B.:

$$2Fe + O_2 \rightarrow 2FeO$$
$$3Fe + 2O_2 \rightarrow Fe_3O_4$$
$$4Fe + 3O_2 \rightarrow 2Fe_2O_3$$
$$6FeO + O_2 \rightarrow 2Fe_3O_4$$

Bei der Verwendung von 1,5 g Stahlwolle beträgt die gemessene Gewichtszunahme ca. 0,3 g. Bei Zugrundelegen der **Hauptreaktion** sollte es eigentlich deutlich mehr sein: 1,5 g reines Eisen entspricht 0,0267 mol, die vollständige Umsetzung zu Fe_2O_3 (Molmasse: 159,7 $\frac{g}{mol}$) unter Berücksichtigung des stöchiometrischen Faktors liefert 2,1 g resultierendes Eisenoxid. Hauptfehlerquellen des Versuchs sind die unvollständige Verbrennung und die oben genannten Nebenreaktionen.

Dieser Versuch ist gut zu kombinieren mit Versuch 6 „Wir lassen Eisen rosten". Dabei entsteht auch Eisenoxid, welches jedoch durch die Mischung mit Eisenhydroxiden nicht grau wie die reinen Eisenoxide ist, sondern die bekannte rostrote Färbung aufweist.

Versuch 3: Entzündungstemperaturen verschiedener Stoffe

Unter Entzündungstemperatur eines Stoffes versteht man die Temperatur, bei der sich ein Stoff in Luft von selbst entzündet. Die Entzündungstemperatur ist keine Stoffkonstante, sondern sehr stark von den Versuchsbedingungen abhängig (z. B. vom Druck, der Wärmeleitfähigkeit des Reaktionsgefäßes oder den Zündbedingungen). Einer der wichtigsten Faktoren ist der Zerteilungsgrad des Stoffes.

Mit Flammpunkt bezeichnet man bei Flüssigkeiten die Temperatur, bei der über der Flüssigkeit ein Flüssigkeits-/Luft-Gemisch ensteht, dass sich durch eine Flamme entzünden lässt. Flüssige Brennstoffe, die leicht Dämpfe bilden, entzünden sich daher wesentlich schneller als feste Brennstoffe.

Material	Entzündungstemperatur (°C)
Spiritus	425 (Flammpunkt: 12–26 °C)
Holzkohle	300
Magnesiumband	450
Zeitungspapier	175
Holzstück	300
Streichholzkopf	60

Eine Streichholzflamme erreicht während des Entzündens über 1 300 °C, auch während des Brennens sind es noch über 1 000 °C.

In diesem Experiment werden die drei für das Entstehen eines Feuers notwendigen Faktoren deutlich. Besonders gut lässt sich das im Entzündungsdreieck verdeutlichen:

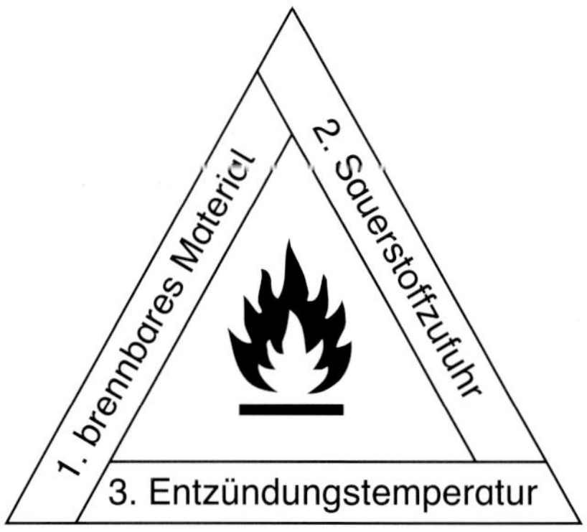

Anmerkung: Zum Thema „Sauerstoffzufuhr“ siehe auch Versuch 2: Brennbarkeit von Metallen in Abhängigkeit von der Oberfläche. Durch die Erhöhung der Oberfläche hat der Sauerstoff bessere Zutritts- und damit Reaktionsmöglichkeiten.

Ein Hinweis zur Entsorgung: Es sollte darauf geachtet werden, dass unverbrannte sehr kleine Magnesiumbandreste, die nicht weiter verwertbar sind, nicht in den Hausmüll gelangen. Reste in verdünnter Salzsäure auflösen und dann in den Behälter für Säuren und Laugen geben.

Versuch 4: Brennt der Trichter?

Dieser Versuch bildet einen weiteren Baustein zu dem Thema „Verbrennung“. In Versuch 3 wurde das Erreichen der Entzündungstemperatur als notwendiges Kriterium für eine Verbrennung ermittelt. In Versuch 4 wird sehr deutlich gezeigt, wieso Feuer durch den Einsatz von Wasser gelöscht wird. Wasser senkt die Entzündungstemperatur, sodass das Papier nicht anfängt zu brennen. Es wird höchstens schwarz, die Rußentwicklung zeigt eine unvollständige Verbrennung. Bei sorgfältig gebasteltem Trichter (der lange Zeit das Wasser hält) können aufmerksame Schüler beobachten, dass Bläschen aufsteigen: Das Wasser beginnt zu kochen. Je nach Sorgfalt beim Basteln des Trichters und eingesetzter Wassermenge ist der Versuch entweder beendet, wenn das Wasser im Trichter verdampft ist und er dann anfängt zu brennen, oder der Trichter undicht wird und durch auslaufendes Wasser die Teelichtflamme gelöscht wird. In beiden Fällen jedoch brennt der Trichter **mit** Wasser jedoch nicht.

Ausgehend von diesen drei Faktoren kann ein Brand gelöscht werden:

1. … durch Entzug des brennbaren Materials (zum Beispiel beim Schlagen einer Feuerschneise bei Waldbrand oder durch Abdrehen des Gashahns bei einem Gasbrand).
2. … durch Abkühlung unter die Entzündungstemperatur (Wasser als Kühlmittel).
3. … durch Entzug des Sauerstoffs (z. B. durch Schaum(CO_2)-Löscher oder Brandschutzdecken).

Versuch 5: Wir löschen Feuer!

Dieser Versuch bildet einen weiteren Baustein zu dem Thema „Verbrennung“. In den Versuchen 3 und 4 wurde das Erreichen der Entzündungstemperatur als notwendiges Kriterium für eine Verbrennung ermittelt, hier ist es die zweite notwendige Komponente „Sauerstoffzufuhr“.

Backpulver besteht überwiegend aus Natriumhydrogencarbonat, nach folgender Reaktionsgleichung entsteht Kohlendioxid:

$$NaHCO_3 + CH_3COOH \rightarrow CO_2\uparrow + H_2O + CH_3COONa$$

CO_2 ist schwerer als Luft und verdrängt daher den Sauerstoff, den die Kerze zur Unterhaltung der Oxidation braucht.

Versuch 6: Wir lassen Eisen rosten!

Reine Eisenwolle ist schwer zu beschaffen, genauso wie Eisenblech bzw. -nägel. Stahlwolle bzw. -blech funktioniert jedoch auch, der kleine Kohlenstoffanteil verfälscht das Versuchsergebnis nicht.

Dieser Versuch ist gut zu kombinieren mit dem Versuch 2 „Brennbarkeit von Metallen in Abhängigkeit von der Oberfläche“. Dort entstehen durch Oxidation einfache Eisenoxide unterschiedlicher stöchiometrischer Zusammensetzung, die grau gefärbt sind.
In dem hier vorliegenden Versuch entsteht ein Gemisch von Oxiden und Eisenhydroxiden. Letzte sind rot gefärbt und den Schülerinnen und Schülern als Rost gut bekannt.

Beispielhafte Reaktionsgleichung:

$$4Fe^{2+} + O_2 + 10H_2O \rightarrow 4\ Fe(OH)_3 + 8H^+$$

Neben dieser Reaktion laufen auch die bei Versuch 2 genannten Oxidationen ab. Durch den Sauerstoffverbrauch steigt die Wassersäule im Reagenzglas. Um dieses Phänomen beobachten zu können, benötigt man mehrere Tage Geduld sowie einen ruhigen Platz für den Versuchsaufbau.

Versuch 7: Folgen des Sauren Regens

Saurer Regen entsteht aus der Reaktion von Stickoxiden bzw. Schwefeloxiden mit Wasser (z. B. $SO_2 + H_2O \rightarrow H_2SO_3$). Er weist einen pH-Wert von weniger als 4 auf.

Natürlicher Regen hat einen pH-Wert von 5–5,5, da darin Kohlendioxid gelöst ist.

$$(CO_2 + H_2O \rightleftharpoons H_2CO_3 \rightleftharpoons 2H^+ + CO_3^{\ 2-}).$$

Gebäude aus carbonathaltigem Kalkstein werden besonders durch die Reaktion der Schwefelsäure/schwefligen Säure mit Calciumcarbonat zu Calciumsulfat (Gips) geschädigt. Calciumsulfat ist deutlich hygroskopischer als Calciumcarbonat, außerdem findet eine Volumenvergrößerung statt. Beide Faktoren haben eine erhöhte Feuchtigkeitsaufnahme zur Folge. Dadurch wachsen vermehrt Algen oder Flechten, die die Gebäude schwer schädigen. Die Front des Schlosses Neuschwanstein sowie viele andere Baudenkmäler werden inzwischen mit Silikon- oder Acrylharzlackierungen geschützt.

Versuch 8: Trennen eines Stoffgemischs

Dieser Versuch bietet sich an, um die Einteilung chemischer Substanzen in Reinstoffe und Stoffgemische zu wiederholen:

Bei Reinstoffen wird noch unterschieden zwischen Elementen, die nur eine Sorte Atome enthalten (z. B. Eisen) und chemischen Verbindungen, die verschiedene fest verbundene Atome enthalten (z. B. Natriumchlorid-Kochsalz).

Bei Stoffgemischen wird unterschieden zwischen homogenen und heterogenen Gemischen: Bei homogenen Gemischen sind keine einzelnen Bestandteile erkennbar, bei heterogenen Gemischen sind noch einzelne Bestandteile zu erkennen.

Wichtig: Eine Trennung von Stoffgemischen ist durch physikalische Verfahren (Trennung durch Ausnutzen unterschiedlicher physikalischer Kenngrößen) möglich, Reinstoffe sind nur noch durch chemische Verfahren weiter zu zerlegen (chemische Reaktionen).

Als physikalische Verfahren im Rahmen des Unterrichts bieten sich an:

Filtration ➪ Trennung nach Löslichkeit
Fraktionierung ➪ Trennung nach Korngröße
Dekantieren ➪ Trennung nach spezifischem Gewicht
Destillation bzw. Eindampfen ➪ Trennung nach Siedepunkt
Chromatographie ➪ Trennung nach Adsorptionsvermögen

Versuch 9: Auftrennung der Komponenten einer Filzstiftfarbe

Bei chromatographischen Trennverfahren nutzt man die unterschiedliche Verteilung zweier Komponenten eines Stoffgemisches zwischen zwei Phasen aus. Dabei dient eine Phase als stationäre Phase, die die Komponenten unterschiedlich stark adsorbiert. Die stationäre Phase wird dabei vom Laufmittel, der mobilen Phase, durchwandert. Sowohl stationäre als auch mobile Phase sind dabei sehr variabel.

Bei der **Papierchromatographie** (siehe Versuch) besteht die stationäre Phase aus Papier, die mobile Phase aus einem Lösungsmittel (hier Wasser, möglich sind aber auch andere Lösungsmittel oder -gemische). Bei der **Gaschromatographie** (GC) werden sogenannte GC-Säulen (dünne Röhren z. B. mit Siliciumdioxid belegt, welches eine große Oberfläche aufweist) mit einem Gas (z. B. Helium) als mobiler Phase durchströmt.

Bei der beschriebenen Versuchsanordnung ist auf die Wasserlöslichkeit der Stifte zu achten:
Die Chromatographie von wasserunlöslichen Permanentstiften („Edding") funktioniert mit Wasser als Laufmittel naturgemäß nicht, dafür jedoch sehr gut mit Aceton.

Versuch 10: Untersuchung von Lebensmittelfarben

Dieser Versuch empfiehlt sich im Anschluss an Versuch 9, da dort die elementaren Begriffe der Chromatographie erarbeitet werden.

Beim der dünnschichtchromatographischen Trennung besteht die stationäre Phase aus einem Material mit großer Oberfläche (z. B. SiO_2 bzw. Al_2O_3), welches auf flachem Trägermaterial (z. B. Alufolie) aufgebracht ist. Durch die größere Oberfläche der DC-Platten ist die Trennleistung bei gleichem Laufmittel besser als bei der Papierchromatographie.

Lebensmittelfarben werden im Lebensmittelrecht als Zusatzstoffe mit den E-Nummern von 100 bis 200 benannt. Häufig verwendet (vor allem in Süßwaren) werden Chinolingelb (E 104), Patentblau V (E 131), Cochenillerot A (E 124) sowie Eisenoxide und -Hydroxide (E 172). Für das vorliegende Experiment können z. B. die in vielen Supermärkten erhältlichen „Back- und Speisefarben" der Fa. Schwartau verwendet werden. In der Osterzeit bieten sich auch Eierfärbemittel an, z. B. von der Firma Heitmann-Braun.

Versuch 11: Inhaltsstoffe von Brausepulver

Die von den Schülerinnen und Schülern vorgenommene Fraktionierung nach Korngrößen (siehe auch Trennung von Gemischen) führt zu folgenden Ergebnissen:

	Geschmack	Farbe	Schäumen	pH-Wert	Inhaltsstoff
Becherglas „Grob"	süß	fast farblos	keine Gasentwicklung	ca. 6	Zucker
Becherglas „Mittel"	laugig	je nach Geschmacksrichtung unterschiedlich	schäumt heftig: Gasentwicklung	ca. 6	Natriumhydrogencarbonat
Becherglas „Fein"	sehr sauer	je nach Geschmacksrichtung unterschiedlich	schäumt heftig: Gasentwicklung	ca. 4	Weinsäure

Die Zutatenliste für Ahoj-Brausepulver weist folgende Bestandteile nach:
Zucker, Säuerungsmittel: L+-Weinsäure, Natriumhydrogencarbonat, Süßstoffe, Aroma, Farbstoffe (E 160a, E160e, E163, E141). Die Korngrößenfraktionierung ist mit den gewählten Mitteln bei weitem nicht vollständig, trotzdem sind die unterschiedlichen Eigenschaften gut zu beobachten.

Beim Auflösen in Wasser entwickelt sich aus folgender Reaktion Kohlendioxid:

$$Na^+_{(aq)} + HCO_3^- + \text{Weinsäure}_{(aq)} \rightarrow H_2CO_{3(aq)} + \text{Natriumtartrat}_{(aq)}$$

$$H_2CO_{3(aq)} \rightarrow CO_2\uparrow + H_2O_{(l)}$$

Versuch 12: Herstellung eines Brausegetränks

Zur Herstellung des Brausepulvers wurde hier Zitronensäure verwendet, da man diese in gut sortierten Drogeriemärkten günstig kaufen kann (z. B. von der Firma Heitmann im 650-g-Gebinde). Die Säure wird im Überschuss eingesetzt: 1,1 g Natriumhydrogencarbonat = 0,013 mol. Zur Neutralisierung durch die dreiprotonige Zitronensäure wäre nur 0,8 g Säure nötig (Molmasse Zitronensäure: 192,1 $\frac{g}{mol}$), die verbleibenden 0,4 g bleiben für den fruchtigen Geschmack des Getränks.

Verwendet werden kann jedoch auch L+-Weinsäure (2-protonig). In diesem Fall sollten 1,4 g (Molmasse Weinsäure: 150,1 $\frac{g}{mol}$, zur kompletten Neutralisierung wären also 1,0 g Einwaage nötig) abgewogen werden.

Versuch 13: Inhaltsstoffe von Cola (1)

Diese Versuchsreihe verbindet physikalisch-chemische Daten mit dem Alltagsprodukt Cola. Welche Cola verwendet wird, spielt keine Rolle.

Pepsi-Cola schäumt etwas stärker, enthält dafür etwas weniger Farbstoffe (das Filtrat wird eher vollkommen klar und farblos als das von Coca-Cola). Falls saubere Aktivkohle verwendet wurde, kann man die Schülerinnen und Schüler hinterher probieren lassen. Das Filtrat schmeckt fade und süßlich.

Der pH-Wert von Cola liegt ungefähr bei 2,7. Verantwortlich dafür ist in erster Linie die Phosphorsäure, weniger die Kohlensäure, die eine wesentlich schwächere Säure darstellt. Durch die Aktivkohle wird besonders gut der organische Farbstoff Zuckerkulör abgetrennt, zum Teil jedoch auch die anorganischen Säuren. Beim Zufügen schäumt Cola kräftig auf, an der aktiven Oberfläche der feinverteilten Kohle findet die Reaktion

$$H^+ + HCO_3^- \rightarrow CO_2\uparrow + H_2O$$

statt und es entweicht Kohlendioxid. Der pH-Wert des Filtrats liegt deshalb nur noch bei knapp unter 7. In einer Erweiterung des Versuchs könnte das bei der genannten Reaktion entstandene Kohlendioxid in einer Gaswaschflasche mit Kalkwasser aufgefangen und nachgewiesen werden.

Versuch 14: Inhaltsstoffe von Cola (2)

Auf dem Flaschenetikett von Coca-Cola ist der Zuckergehalt (Saccharose) pro 250 ml (Portion) angegeben: 27 g.

Teil I: Die Aufstellung der Dichtetabelle liefert auch unter den gewählten einfachen Versuchsbedingungen eine zufriedenstellende direkt proportionale Abhängigkeit des Zuckergehalts von der Dichte der Lösung.

Teil II liefert bei sauberer Versuchsdurchführung Ergebnisse mit Fehlern von ca. 10 %. Dabei eignet sich dieser Versuch besonders gut für eine ausführliche Fehlerdiskussion:
Neben den statistischen Fehlern (in beide Richtungen), wie ungenaue Einwaagen oder Abmessen der 100-ml-Portionen, macht sich beispielsweise eine zu hohe Erhitzung durch Abdampfen von Wasser und damit erhöhter Zuckerkonzentration in der Cola bemerkbar. Bei zu schwachem Erhitzen verbleibt eventuell noch CO_2 in der Cola und täuscht eine niedrigere Dichte und damit zu wenig Zucker vor. Lassen die Schüler die Cola nicht genügend abkühlen, wird ebenfalls eine zu geringe Dichte ermittelt.

In **Teil III** des Versuchs wird die Zuckerfreiheit von „zuckerfreier“ Cola geprüft. Die Zuckeraustauschstoffe Natriumcyclamat, Acesulfam-K, Aspartam (Coca-Cola Zero) liegen bei 20° zwar ebenfalls durchgehend kristallin vor, im Unterschied zu Zucker wird jedoch wesentlich weniger Substanz zum Süßen benötigt. Diese geringen Mengen beeinflussen daher die Dichte der Lösung nicht.
Die Süßkraft häufig verwendeter Süßstoffe im Verhältnis zu normalem Haushaltszucker (Saccharose) zeigt die folgende Tabelle:

Süßstoff	Süßkraft im Verhältnis zu Saccharose	Bezeichnung als Zusatzstoff
Natriumcyclamat	35–70	E 952
Acesulfam-K	200	E 950
Aspartam	150–220	E 951

Versuch 15: Destillation von Rotwein

Ethanol (Siedepunkt: 78 °C) wird in das Becherglas als Vorlage abdestilliert und kann effektvoll abgebrannt werden.
Rotwein enthält bedingt durch seinen Herstellungsprozess nur sehr geringe Methanolgehalte (s. u.), die durch den verwendeten Versuchsaufbau nicht vom Ethanol abgetrennt werden können. Hochprozentige Alkoholika, z. B. Obstbrände können jedoch deutlich mehr hochgiftiges Methanol (z. B. Kirschwasser: 4,75–9,71 $\frac{g}{l}$, entspricht max. 0,5 Vol%, Quelle: Roempp®) enthalten.
Dabei gibt es zwei Möglichkeiten:
Bei der Destillation der Spituosen wurde der als erstes übergehende Methanolanteil nicht abgetrennt, um ein größeres Volumen Alkohol zu erreichen. Die zweite Möglichkeit ist jedoch, dass dem fertig gebrannten und abdestillierten Schnaps Methanol zugesetzt wird („gepanscht“), um wiederum das Volumen zu vergrößern. Methanol ist preisgünstiger als Ethanol, in den meisten Ländern unterliegt er im Gegensatz zu Ethanol nicht der Branntweinsteuer.
Sensorisch sind Ethanol und Methanol kaum zu unterscheiden:
Geschmack, Aussehen, Geruch ähneln einander sehr.

Eigenschaft	Methanol	Ethanol
Strukturformel	CH_3OH	C_2H_5OH
Molmasse	$32{,}04\ \frac{g}{mol}$	$46{,}07\ \frac{g}{mol}$
Siedepunkt	64,5 °C	78,3 °C
Weitere gebräuchliche Bezeichnungen	Methylalkohol	Ethylalkohol, Alkohol
Gehalt in Rotwein	$< 120-200\ \frac{mg}{l}$	12 Vol %
Tödliche Konzentration (Blut)	0,2 ‰	4–5 ‰
Gefahrensymbole		
Preis (Stand: 05/2009)	je nach Reinheitsgrad ab 35 €/Liter	je nach Reinheitsgrad (unvergällt) ab 15 €/Liter

Versuch 16: Herstellen eines Säure-Base-Indikators

Bei den extrahierten Farbstoffen handelt es sich um Anthocyane, die je nach pH-Wert der Lösung unterschiedlich ionisiert vorliegen und dann unterschiedliche Färbungen aufweisen. Bei frisch extrahiertem Rotkohlsaft sind diese Reaktionen reversibel. Durch Oxidationsprozesse verliert der Rotkohlsaft nach wenigen Tagen die Indikatoreigenschaften, es empfiehlt sich also eine frische Zubereitung. Die in Norddeutschland übliche Zubereitung des Rotkohlgemüses mit Apfelschnitzeln erzeugt durch die Fruchtsäure den „schön roten“ Rotkohl.

Auch der den Schülerinnen und Schülern bekannte Indikator Lackmus enthält eine aus Pflanzen gewonnene Farbstoffmischung (Lackmus wird aus Flechten gewonnen). Auch Hortensien verdanken ihre unterschiedliche Blütenfärbung Anthocyanfarbstoffen. Diese komplexieren Aluminiumionen aus dem Boden in Abhängigkeit vom pH-Wert (niedriger pH-Wert = < 5: blaue Blütenfärbung, pH > 6: Blütenfarbe rosa).

Bei dem Rotkohlextrakt ergeben sich folgende Farbabstufungen:

pH-Wert	Farbe
2	pink
4 7	rot lila
8	blau
10	smaragdgrün
12	moosgrün
14	gelb

Der Versuch eignet sich für mehrere Gruppen, beispielsweise kann eine weitere Gruppe Haushaltsreiniger, Abflussreiniger, pH-neutrale Seife, Waschpulver oder Cola untersuchen.

Versuch 17: Wie viel Essigsäure enthält Essig?

Bei dieser Säure-Base-Titration wird als Indikator Bromthymolblau verwendet (Herstellung der Lösung aus dem Feststoff: 0,1 g Bromthymolblau in 100 ml Brennspiritus lösen).
Im sauren Milieu ist die Lösung gelb, im neutralen Bereich grün, dann erfolgt ein Farbumschlag nach blau.

Falls Bromthymolblau nicht zugänglich sein sollte, kann jedoch auch das sonst übliche Phenolphthalein (Farbumschlag von farblos nach rosa/lila bei pH 7) verwendet werden.

Folgende Reaktion findet statt:

$$\underset{\text{Titrand}}{CH_3COOH\ (aq)} + \underset{\text{Titrator}}{NaOH\ (aq)} \rightarrow CH_3COONa\ (aq) + H_2O$$

Die „Verordnung über den Verkehr mit Essig und Essigessenz“ von 1972, zuletzt geändert 2006, legt für Essige Essigsäuregehalte von 5–15,5 % fest, Essigessenz darf 15,2 bis 25 % Essigsäure enthalten. Dabei wird Essig entweder durch Gärung oder aber auch durch Verdünnen von Essigessenz hergestellt, letzteres muss auf dem Etikett vermerkt sein („enthält Essig aus Essigsäure“). Bei Essigessenz handelt es sich um verdünnte, meist technisch hergestellte Essigsäure. Bei noch größeren Essigsäuregehalten spricht man von verdünnter Essigsäure.

Bei den meisten Essigen handelt es sich um Gärungsessige. Diese enthalten neben Essigsäure auch weitere Säuren (Apfelessig Apfelsäure, Weinessig Weinsäure usw.), die ebenfalls mit dem Titrator reagieren und so einen zu hohen Essigsäuregehalt vortäuschen können.

Im Versuch hat Essigessenz gegenüber vielen Essigen den Vorteil, dass sie farblos ist, sodass der Farbumschlag des Indikators leichter zu erkennen ist. Um den Natronlaugeverbrauch nicht zu sehr in die Höhe zu treiben, sollten dann nur 5 ml Probe (verdünnt auf 50 ml) titriert werden (Essigsäuregehalt der Essigessenz der Marke Surig beispielsweise 25 %). Die meisten Obstessige enthalten 5–7 % Essigsäure.

Versuch 18: Wie wirkt Abflussreiniger?

Für diesen Versuch sind alle granulierten Abflussreiniger auf Natriumhydroxidbasis geeignet (z. B. Drano Powergranulat).

In **Teil 1** stellen die Schülerinnen und Schüler eine Temperaturerhöhung allein durch die Hydratationswärme der Abflussreinigerkristalle um 10–15 °C fest. Die Wärmeentwicklung unterstützt die Wirkung des Reinigers (lockert die Verstopfungen). Das pH-Papier zeigt keine pH-Änderung an, da zunächst keine chemische Reaktion (außer der Lösung im Wasser stattfindet). Der Abflussreiniger löst sich nicht komplett, da neben NaOH weiter unlösliche Salze (in Inhaltsangabe häufig als Stellmittel bezeichnet) gegen das Verklumpen der stark hygroskopischen Natriumhydroxids enthalten sind.

Durch den Stickstoffgehalt organischer Materialien bildet sich duch Abflussreiniger gasförmiges Ammoniak (**Teil 2**).

Mit Aluminium (**Teil 3**) bilden sich Aluminate und Wasserstoff, der durch die Glimmspanprobe nachgewiesen werden kann.

$$2Al + 2OH^- + 6H_2O \rightarrow 2[Al(OH)_4]^- + 3H_2$$

Dabei kann der entweichende Wasserstoff Natriumhydroxidtröpfchen mitreißen, deshalb wirkt der entstehende Dampf ätzend. In früheren Rezepturen enthielten zahlreiche Abflussreiniger aus diesem Grund Beimengungen elementaren Aluminiums, welches durch die Gasentwicklung die Wirkung des Reinigers verstärken sollten. Aus Sicherheitsgründen haben jedoch fast alle Firmen inzwischen auf fast reines Natriumhydroxid umgestellt.

Bei der Kombination von Laugen (Laugengebäck wird durch Bestreichen des Gebäcks mit verdünnter Natronlauge oder Natriumhydrogencarbonatlösung hergestellt) und Aluminium entstehen nach der oben genannten Reaktionsgleichung Aluminate, die teilweise ins Gebäck übergehen können. Deshalb sind die Hersteller von Alublechen seit einigen Jahren verpflichtet worden, diese Bleche mit Anwendungsbeschränkungen zu versehen.

Versuch 19: Wieviel Natriumhydroxid enthält Abflussreiniger?

Für diesen Versuch sind alle granulierten Abflussreiniger auf Natriumhydroxidbasis geeignet (z. B. Drano Powergranulat). Diese weisen als Hauptbestandteil Natriumhydroxid auf, daneben noch anorganische Salze, die ein zu schnelles Verklumpen der hygroskopischen Natriumhydroxidkügelchen verhindern sollen.

Der Faktor 0,04 ergibt sich aus den Molmassen von Natriumhydroxid (40 $\frac{g}{mol}$, d. h. 0,025 mol eingesetzt) und der 1-molaren Salzsäure. Im Versuch resultieren Ergebnisse von 80 bis 95 %.

Versuch 20: Wie wirken Sanitärreiniger?

Im vorliegenden Versuch werden säurehaltige und chlorhaltige Sanitärreiniger einander gegenübergestellt.

	(1) säurehaltiger Reiniger	**(2) chlorhaltiger Reiniger**
pH-Wert	4,4	13
Reaktion mit Essigessenz	keine, höchstens Mischen unter Schlierenbildung	Schaumentwicklung, stechender Geruch durch Chlorgasentwicklung
Entfärbung des Filterpapiers	keine	Entfärbung des rotgefärbten Papiers
Reaktion mit Calciumcarbonat	löst sich unter Gasentwicklung auf	keine

Die Entfärbung kann dabei an jedem pflanzlichen Farbstoff gezeigt werden. Besonders gut funktionieren neben Malventeeaufguss auch Rotkohlextrakt, wie er in Versuch 16 verwendet wird, oder auch normaler Kirschsaft. Statt des Filterpapiers können auch weißer Zellstoff bzw. Papiertaschentücher verwendet werden.

Die Wirkung des säurehaltigen Reinigers (z. B. Urinstein- und Kalklöser Bloo von der Fa. Jeyes) beruht darauf, dass Kalkbelege gelöst werden (bzw. Marmor, der aus einem Gemisch aus Calciumcarbonat, Magnesiumcarbonat sowie Ca/Mg-Carbonat besteht) nach folgender Gleichung:

$$CaCO_3 + 2H^+ \rightarrow Ca^{2+} + CO_2 + H_2O$$

Der chlorhaltige Reiniger (z. B. Hygienereiniger DanKlorix von der Fa. Colgate-Palmolive), der laut Packungsaufschrift (DanKlorix) 2,8 g Natriumhypochlorit pro 100 ml Flüssigkeit enthält, wirkt durch naszierenden Sauerstoff entfärbend:

$$NaOCl + H_2O \rightarrow HOCl + Na^+ + OH^-$$

$$HOCl \rightarrow HCl + O$$

Bei der Mischung mit Säuren (Essigessenz bzw. säurehaltiger Reiniger) entsteht nach folgender Reaktion gasförmiges Chlor:

$$NaOCl + 2\,H^+ + 2\,Cl^- \rightarrow Cl_2\uparrow + H_2O + NaCl$$

Wegen des Gefährdungspotentials durch Chlorentwicklung bei gleichzeitiger Verwendung der beiden Reinigertypen wird in letzter Zeit vermehrt auf Hypochlorit verzichtet und stattdessen Wasserstoffperoxid verwendet (so z. B. im bekannten Mittel Domestos).

Geräte und Materialien

Bunsenbrenner
Magnesiastäbchen
Holzstäbchen
Streichhölzer
Tiegelzange

Sicherheitshinweise

Schutzbrille tragen!
Lange Haare zusammenbinden!

Entsorgung

Die abgebrannten Stäbchen abkühlen lassen und in den Hausmüll entsorgen.

Versuchsanleitung

1. Schließe den Brenner an und entzünde ihn, indem du die folgenden Schritte der Reihe nach durchführst.
   a) Luftloch schließen.
   b) Gashahn am Tisch und Gasregler am Brenner öffnen.
   c) Gas sofort mit einem Streichholz entzünden.
   d) Luftloch ungefähr halb öffnen.
   e) Durch Regulieren der Gaszufuhr kannst du nun die Höhe der Brennerflamme bestimmen. Stelle eine ca. 10 cm hohe Flamme ein.

2. Wenn das Luftloch ungefähr halb geöffnet ist, erhältst du eine nicht leuchtende Flamme. Halte das Holzstäbchen in verschiedenen Höhen über die Brennerflamme. Zeichne die Brennerflamme ab und notiere deine Beobachtungen. Das Gleiche wiederholst du mit dem Magnesiastäbchen.

3. Durch Schließen der Luftzufuhr erhältst du eine leuchtende Flamme. Halte auch hier nacheinander Holz- und Magnesiastäbchen in die verschiedenen Bereiche der Flamme.

4. Stelle jetzt durch Öffnen des Luftlochs wieder eine nicht leuchtende Flamme her. Versuche, ein Streichholz (mit der Tiegelzange anfassen!) in die Flamme zu halten, ohne dass sich der Streichholzkopf entzündet. Versuche das Gleiche bei einer leuchtenden Flamme.

5. Eine Sparflamme für Pausen zwischen den Experimenten (wenn du den Brenner nicht ganz ausmachen möchtest) erhältst du, indem die Luftzufuhr ganz und die Gaszufuhr fast geschlossen ist. Der Brenner brennt dann bei geringem Gasverbrauch ungefähr wie eine Kerze.

6. Wenn du Luft- und Gaszufuhr sehr weit öffnest, erhältst du eine rauschende Flamme. Probiere dies nur kurz: Der Brenner wird sehr heiß, außerdem verbrauchst du viel Gas.

Achtung: Wenn die Gaszufuhr zu gering oder die Luftzufuhr zu stark ist, kann die Flamme zurückschlagen und im Inneren des Brenners weiterbrennen. Dabei entsteht ein fauchendes Geräusch, außerdem wird das Brennerrohr sehr heiß. Den Brenner sofort ausstellen (s. u.) und vollständig abkühlen lassen.

7. Löschen des Brenners:
   a) Luftloch schließen,
   b) Gasregler am Brenner und Gashahn am Tisch schließen.

Aufgaben

① Zeichne in den Abbildungen den Weg des Gases (rot) und der Luft (blau) ein.

② Zeichne jeweils die leuchtende, nicht leuchtende und rauschende Brennerflamme ab.

③ Trage in die Tabelle deine Einstellungen ein.
Messungen ergaben für einen Teclu-Brenner folgende maximale Temperaturen für die verschiedenen Flammentypen: 900 °C, 1 200 °C, 1 300 °C, 350 °C.
Kannst du sie zuordnen?

Flammentyp	**Einstellung**		**Eigenschaften**	**max. Temperatur**
	Gaszufuhr	**Luftzufuhr**		
Sparflamme				
leuchtende Flamme				
nicht leuchtende Flamme				
rauschende Flamme				

❹ Der Teclubrenner erreicht etwas höhere Maximaltemperaturen als der Bunsenbrenner. Kannst du dir vorstellen, woran das liegt?

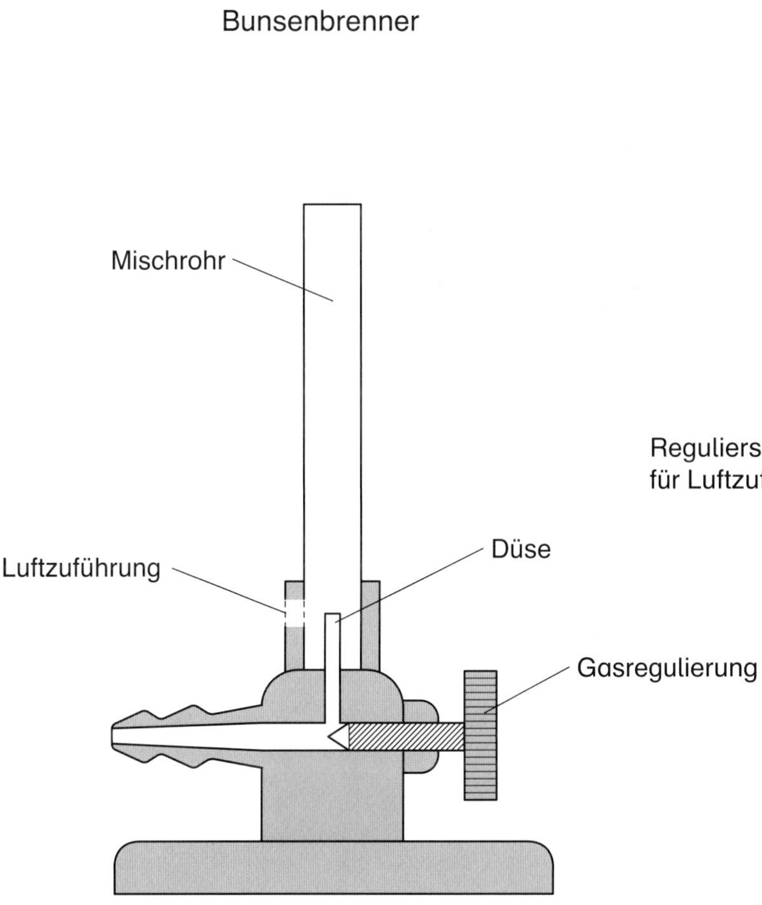

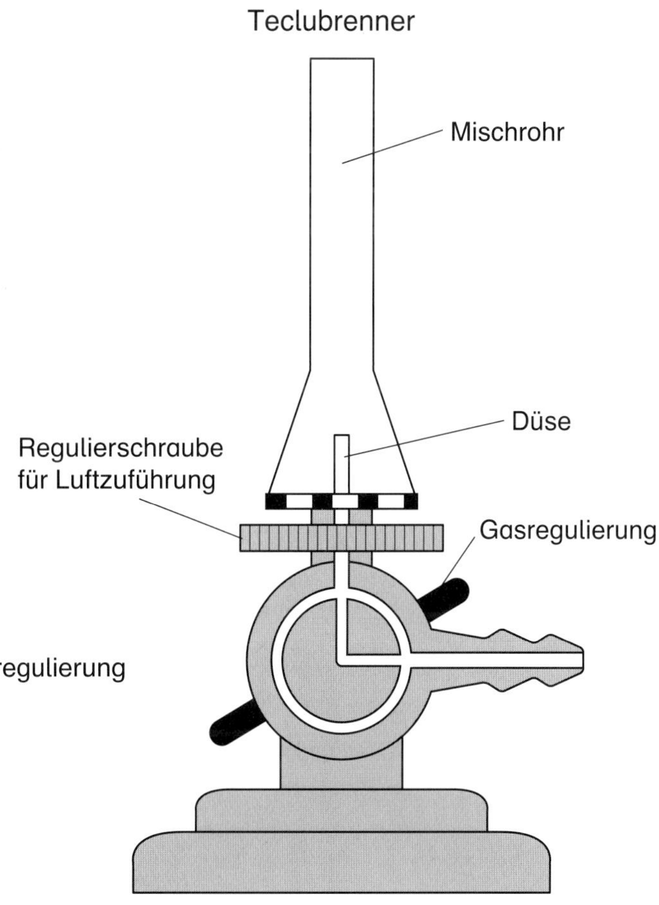

Versuch 2

Geräte und Materialien

Waage
Balkenwaage
Tiegelzange
Brenner
Nagel
Eisenblech
Eisenwolle
feuerfeste Unterlage

! Sicherheitshinweise

Schutzbrille tragen!

Entsorgung

Die Metallreste können in den Hausmüll entsorgt werden.

Versuchsanleitung

1. Erhitze ein Stück Eisenblech (Benutze die Tiegelzange zum Festhalten!) in der Brennerflamme und kratze nach dem Abkühlen mit einem Nagel an der Oberfläche. Hat das Eisen gebrannt? Wie sieht das Blech jetzt aus? Notiere deine Beobachtungen.

2. Wiege 1,5 g Eisenwolle ab. Hänge die Eisenwolle an den linken Arm der Balkenwaage, die auf einer feuerfesten Unterlage stehen muss, und bringe durch Auflegen von Gewichten die Waage ins Gleichgewicht. Halte dann den Brenner an die Eisenwolle. Was beobachtest du?

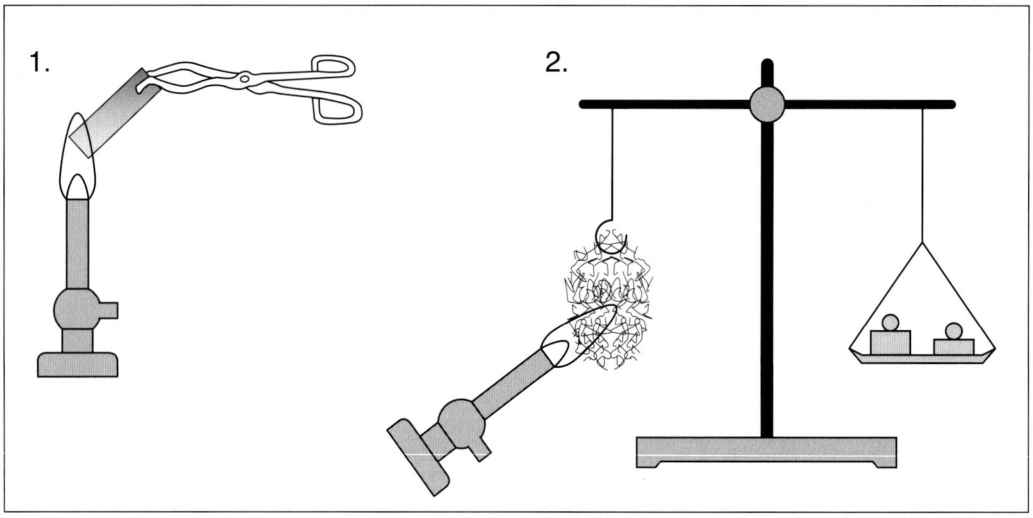

Aufgaben

① Woran liegt es, dass Eisenwolle wesentlich heftiger mit Luftsauerstoff reagiert als das Eisenblech?

② Schildere eine geeignete Methode zum Anzünden eines Kaminfeuers.

③ Wie nennt man eine Reaktion mit Sauerstoff?

④ Wie heißt das Reaktionsprodukt der Verbrennung von Eisen?
Formuliere die Wortgleichung der Reaktion.

⑤ Was ist bei dem Experiment mit der Balkenwaage passiert? Woran liegt das?

⑥ Recherchiere den Unterschied zwischen Stahlwolle und Eisenwolle.

Geräte und Materialien

Porzellantiegel
Streichhölzer
feuerfeste Unterlage
Brenner
Tiegelzange

Chemikalien

Spritzflasche mit Spiritus
Magnesiumband
Zeitungspapier
Holzstück (z. B. Streichholz ohne Kopf)

Sicherheitshinweise

Schutzbrille tragen!

Entsorgung

Nicht abgebrannter Spiritus wird im Behälter für halogenfreie organische Lösungsmittel gesammelt. Das verbrannte Magnesiumband kann in den Hausmüll.

Achtung: Unverbranntes Magnesium (leicht entzündlich!) nicht mit in den Müll geben, sondern wieder beim Lehrer abgeben.

Versuchsanleitung

Führe alle Versuche auf einer feuerfesten Unterlage durch.

1. Fülle in den Porzellantiegel ca. 1 ml Spiritus (nicht mehr!) und versuche, die Flüssigkeit mittels eines Streichholzes zum Brennen zu bringen.
2. Halte nacheinander ein Stück Papier, ein kurzes Stück Magnesiumband und ein kleines Stück Holz mit der Tiegelzange fest und versuche, die Materialien jeweils mit einem Streichholz zu entzünden.
3. Was beobachtest du? Notiere deine Beobachtungen tabellarisch.

Material	brennbar?	Beschreibung der Reaktion
Spiritus		
Magnesiumband		
Zeitungspapier		
Holzstück		

Aufgaben

① Stelle eine Reihenfolge auf:
Welches Material hat die niedrigste Entzündungstemperatur?
Welches vermutlich die höchste?

② Zeichne das Gefahrensymbol auf der Spiritusflasche ab.
Was besagt es genau?

③ Welche drei Faktoren müssen erfüllt sein, um einen Stoff zum Brennen zu bringen?
Schreibe sie in die Seiten des Entzündungsdreiecks.

❹ Welchen Aggregatzustand haben die Reaktionsprodukte der Verbrennung von Spiritus (Ethanol) und Magnesium?
Wie heißen die Reaktionsprodukte?

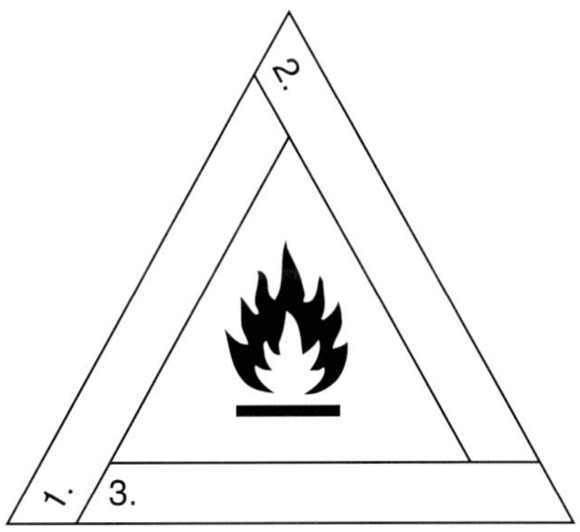

Geräte und Materialien

feuerfeste Unterlage
Bunsenbrenner
1 Bogen DIN-A4-Papier
Zirkel
Stativ + Stativmaterial

Chemikalien

Leitungswasser

Sicherheitshinweise

Schutzbrille tragen!

Entsorgung

Die Reste können in den Hausmüll bzw. in den Ausguss entsorgt werden.

Versuchsanleitung

1. Zeichne einen Kreis mit einem Durchmesser von ca. 20 cm auf ein Blatt Papier und schneide ihn mit der Schere aus. Achte darauf, dass das Papier durch den Zirkel nicht zerstochen wird, sondern decke die Mitte z. B. durch ein Radiergummi ab.
2. Jetzt faltest du den ausgeschnittenen Kreis so, dass du ihn halbierst. Dann faltest du ihn noch einmal, sodass du ihn jetzt viertelst.
3. Nun öffne das Kreissegment zu einem Trichter, sodass sein Mantel aus einer Lage bzw. drei Lagen Papier besteht.
4. Ungefähr 1 cm vom oberen Rand schneidest du jetzt mit einer Schere zwei gegenüberliegende Schlitze ein.
5. Dann baust du den Versuch auf, wie in der Abbildung gezeigt:

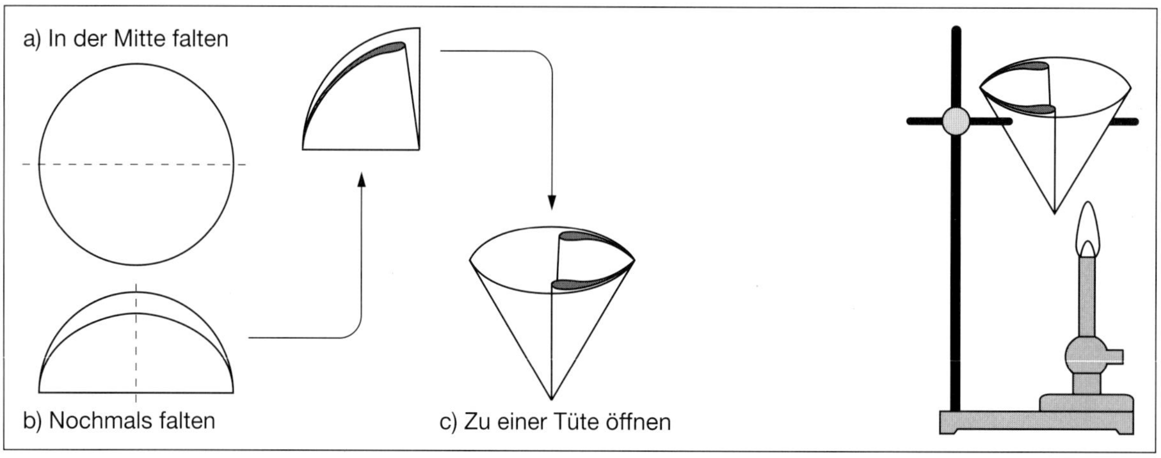

6. Nun fülle den Trichter bis ungefähr 1 cm unterhalb der Stativstange mit Leitungswasser (ungefähr 50 ml).
7. ***Vorüberlegung:*** Was glaubst du, passiert, wenn du die Bunsenbrennerflamme an den Trichter hältst? Notiere deine Vermutung.
8. Nun führe den Versuch durch: Erwärme den Trichter mit dem Bunsenbrenner. Das Erwärmen sollte an der einlagigen Seite des Trichters geschehen.
9. Was passiert? Notiere deine Beobachtungen.

Aufgaben

① Erkläre die Versuchsbeobachtung. Was genau bewirkt das Wasser im Trichter?

② Ein Feuer kann auf verschiedenen Wegen gelöscht werden. Überlege und nenne andere Methoden.

③ Bei einem Versuch ist dein Chemieheft in Brand geraten. Welche Methode wählst du zum Löschen?

Geräte und Materialien

Becherglas (250 ml)
Spatel
Teelicht (ohne Aluhülse)

Chemikalien

Backpulver
Spritzflasche mit Essig

! Sicherheitshinweise

Schutzbrille tragen!

Entsorgung

Alle Reste können in den Hausmüll bzw. in den Abfluss entsorgt werden.

Versuchsanleitung

1. Stelle das Teelicht (ohne Aluhülse) in das Becherglas.
2. Bedecke den Boden rund um das Teelicht mit Natriumhydrogencarbonat (mehrere Spatelspitzen).
3. Entzünde das Teelicht.
4. Nun spritze vorsichtig Essig auf das Natriumhydrogencarbonat.
5. Was passiert mit dem Backpulver? Notiere deine Beobachtungen.
6. Spritze nach und nach Essig hinzu, bis die Teelichtflamme erlischt.

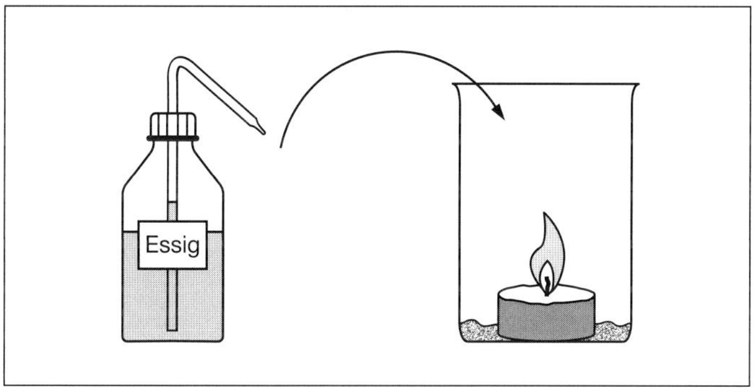

Aufgaben

① Backpulver besteht hauptsächlich aus Natriumhydrogencarbonat ($NaHCO_3$), Essig aus Essigsäure (CH_3COOH)? Welches Gas entsteht bei der Reaktion?

② Ist das entstehende Gas leichter oder schwerer als Luft?

③ Warum genau ist die Flamme verloschen? Betrachte dazu das Feuerlöschdreieck und schraffiere die passende Seite des Dreiecks mit einem farbigen Buntstift.

Geräte und Materialien

Blumendraht
Eisenwolle (auch Stahlwolle), Grad 1
2 breite Reagenzgläser
2 Bechergläser
Tiegelzange

Chemikalien

Wasser
Spritzflasche mit Aceton

Sicherheitshinweise

Schutzbrille tragen!

Entsorgung

Die Metallreste können in den Hausmüll entsorgt werden.
Aceton im Lösungsmittelabfall (halogenfrei) sammeln.

Versuchsanleitung

1. Zunächst müssen die Eisenwolle und der Blumendraht entfettet werden. Dazu halte ein kleines Knäuel Eisenwolle bzw. ein ca. 10 cm langes Stück Blumendraht mit der Tiegelzange fest und spritze es mit Aceton ab. Lass das Aceton dabei in ein Becherglas laufen. Lasse Eisenwolle bzw. Blumendraht einige Minuten trocknen.

2. Stopfe ein kleines Knäuel Eisenwolle in das Reagenzglas.

3. Stopfe den Blumendraht in das Reagenzglas.

4. Stelle beide Reagenzgläser umgekehrt in je ein Becherglas, dass mit wenig Wasser gefüllt ist.

5. Lass beide Reagenzgläser so mindestens drei Tage stehen, ohne sie zu bewegen. Wie haben sich Eisenwolle und Blumendraht und der Wasserstand verändert? Notiere deine Beobachtungen.

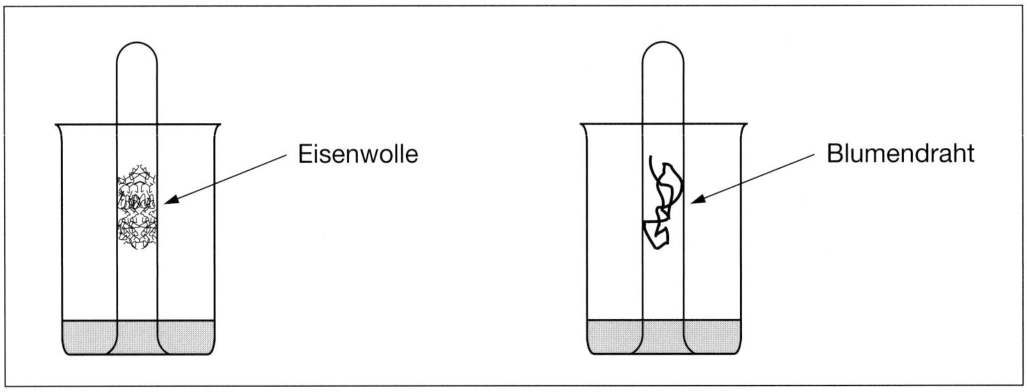

Aufgaben

① Wie heißen die Reaktionsprodukte? Formuliere eine Wortgleichung.

❷ Stelle eine Reaktionsgleichung auf.

❸ Warum musste das Metall entfettet werden?

Geräte und Materialien

4 Reagenzgläser im Reagenzglasständer
Spatellöffel
Becherglas
Pipette

Chemikalien

Kalkstein (bzw. Calciumcarbonat)
Magnesiumcarbonat
Eierschalen
Eisenspäne
verdünnte Schwefelsäure (als Saurer Regen)

! Sicherheitshinweise

Schutzbrille tragen!

Entsorgung

Die verdünnte Schwefelsäure im Behälter für Säuren und Laugen sammeln, alle anderen Reste können im Hausmüll entsorgt werden.

Versuchsanleitung

1. Fülle in je ein Reagenzglas je eine Spatelspitze Kalkstein, Magnesiumcarbonat, Eierschalenstückchen und Eisenspäne.

2. Tropfe in jedes Reagenzglas einige Tropfen verdünnter Schwefelsäure (anstelle des Sauren Regens). Notiere deine Beobachtungen.

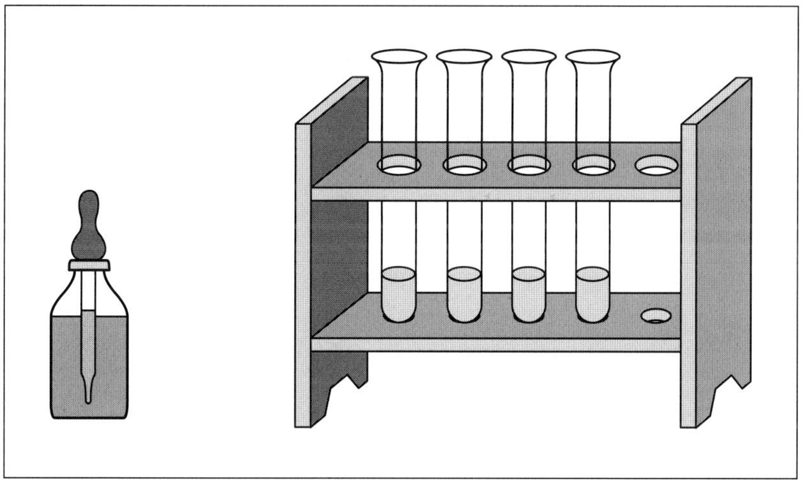

Aufgaben

① Was beobachtest du? Stelle für die Reaktion von Calciumcarbonat eine Wortgleichung auf.

② Recherchiere: Wie entsteht der Saure Regen?

③ *Schloss Neuschwanstein bröckelt!*
Diese Schlagzeile tauchte erstmals in den 80er-Jahren des 20. Jahrhunderts in den Zeitungen auf. Neuschwanstein, ein berühmtes Schloss in Süddeutschland, dessen Fassade mit Kalksteinplatten verkleidet ist, zeigte Schäden durch den Sauren Regen. Welche chemische Reaktion setzt Neuschwanstein zu?

④ Wie könnte man Gebäude vor den Folgen des Sauren Regens schützen?

Geräte und Materialien

1 Becherglas (100 ml)
1 Erlenmeyerkolben (100 ml)
Filter mit Filterpapier
Bunsenbrenner
Dreifuß
Siedesteinchen
Uhrglas
Spatel

Chemikalien

Sand
Schwefel
Kochsalz
Wasser

Sicherheitshinweise

Schutzbrille tragen!

Entsorgung

Schwefelreste im Behälter für giftige/organische Stoffe sammeln. Der Rest kann im Ausguss bzw. Hausmüll entsorgt werden.

Versuchsanleitung

1. Gib in das schmale Becherglas je zwei Spatelspitzen Kochsalz, Sand und Schwefel und ca. 50 ml Wasser. Rühre um und lass das Becherglas 5 Minuten stehen. Wie verhalten sich die Bestandteile deines Gemisches?

2. Trenne den Sand durch Dekantieren, d. h. vorsichtiges Abgießen, sodass der Bodensatz im Becherglas verbleibt, ab und filtriere den Rest in den Erlenmayerkolben.

3. Gieße wenige Milliliter des Filtrats auf das Uhrglas und füge ein paar Siedesteinchen hinzu. Dampfe einen Teil des Filtrats mithilfe des Bunsenbrenners ein.

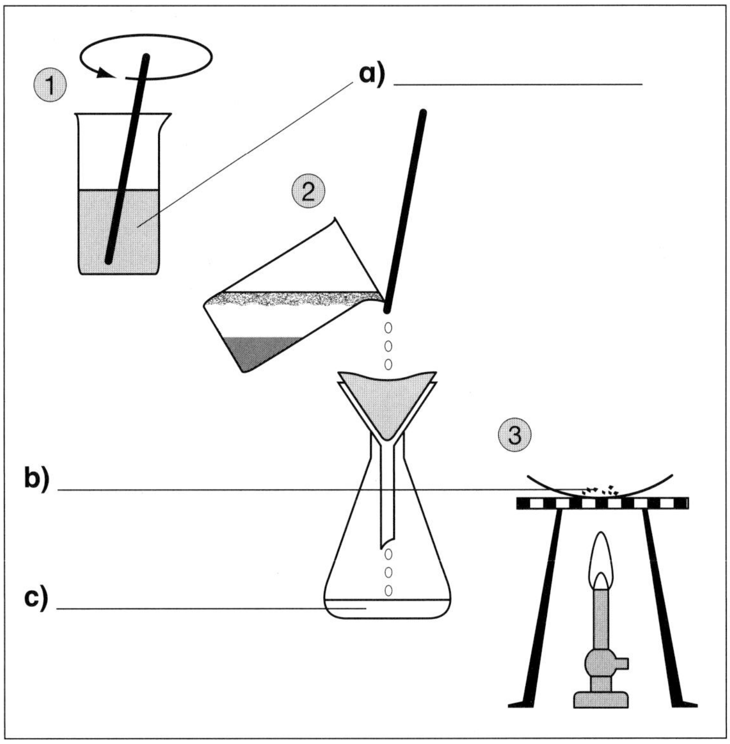

Aufgaben

① Beschrifte die Zeichnung. Benutze dabei die Begriffe Filtrat, Rückstand und Suspension.

② Zähle die drei Trenntechniken auf, die du zur Trennung deines Gemisches verwendet hast.

③ Welche unterschiedlichen Stoffeigenschaften hast du jeweils ausgenutzt?

④ In einem heterogenen Gemisch sind einzelne Bestandteile zu erkennen, in einem homogenen Gemisch ist selbst unter dem Mikroskop nur noch eine Phase zu sehen. Nenne je zwei Beispiele.

⑤ Welche anderen Trennverfahren hast du schon kennengelernt?

Geräte und Materialien

Petrischale (oder ein anderes flaches Gefäß mit ca. 60 mm Durchmesser)
weiße Rundfilter (Durchmesser etwas größer als der von der Petrischale)
angespitzter Bleistift

Chemikalien

Wasser
2 wasserlösliche Filzstifte (gleiche Farbe, unterschiedliche Hersteller)

! Sicherheitshinweise

keine

Entsorgung

Alle Produkte (auch die Ausgangsprodukte) können in den Hausmüll bzw. in den Abfluss entsorgt werden.

Versuchsanleitung

1. Mit der Bleistiftspitze bohrst du ein kleines Loch in die Mitte des Rundfilters. Male in knapp 1 cm Abstand links und rechts von diesem Loch mit den beiden Filzstiften je einen dicken Punkt.

2. Schneide aus einem Filterpapier einen 2 cm breiten Streifen aus und rolle ihn zu einem Docht zusammen. Diesen Docht steckst du durch das Loch des Rundfilters.

3. Fülle die Petrischale zur Hälfte mit Wasser und lege den Rundfilter so darauf, dass der Docht (nur der Docht!) ins Wasser taucht. Warte einige Minuten.

4. Lasse dein Chromatogramm trocknen und vergleiche.

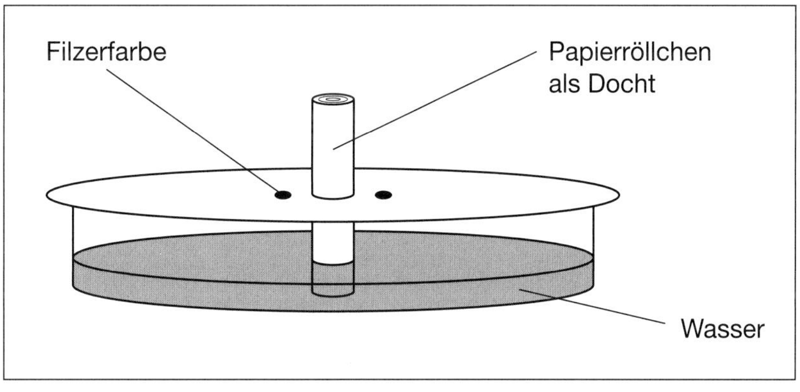

Aufgaben

① Aus wie viel Komponenten bestehen deine Filzstiftfarben?

② Warum trennen sich die Komponenten auf?

③ Dieses Trennverfahren nennt man Chromatografie. Informiere dich über die Funktionsweise der Chromatografie. Schlage dabei folgende Begriffe nach: mobile Phase, stationäre Phase, Laufmittel.

❹ Was passiert, wenn du versuchst, die einzelnen Komponenten eines Permanentstifts („Edding") zu chromatografieren?
Mit welcher Methode könntest du dort zu einem Ergebnis kommen?

Geräte und Materialien

Chromatografiegefäß mit Deckel
Dünnschichtchromatografie (DC)-Platte

Chemikalien

käufliche Lebensmittelfarben:
rot, gelb, grün und blau
Wasser

Sicherheitshinweise

keine

Entsorgung

Alle Produkte (auch die Ausgangsprodukte) können in den Hausmüll bzw. in den Abfluss entsorgt werden.

Versuchsanleitung

1. Fülle in das Chromatografiegefäß ca. 1 cm hoch Wasser. Dann zeichne auf die DC-Platte 2 cm oberhalb der unteren Kante eine dünne Bleistiftlinie als Startlinie.

2. Tupfe auf die Startlinie mit je mindestens 2 cm Abstand eine kleine Menge der verschiedenen Lebensmittelfarben auf (höchstens 2 mm Durchmesser).

3. Stelle die vorbereitete DC-Platte vorsichtig in die Kammer (das Wasser sollte die Startlinie nicht berühren). Verschließe die Kammer.

4. Wenn die Lösungsmittelfront ungefähr 1 cm unterhalb der oberen Kante steht, ist dein Chromatogramm fertig. Lass es trocknen.

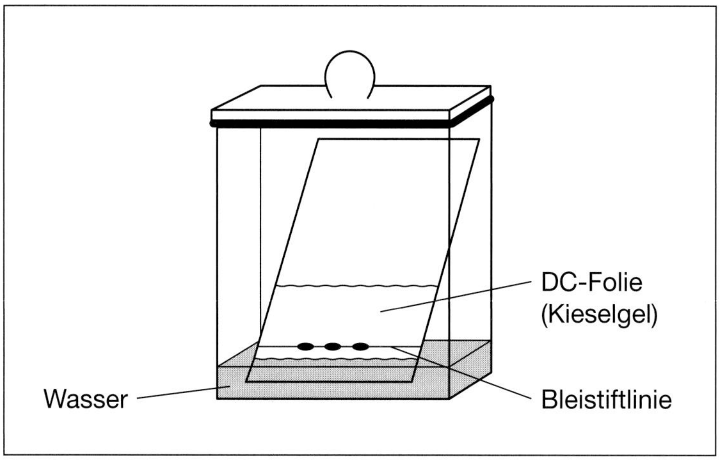

Aufgaben

① Benenne die stationäre und die mobile Phase deiner Chromatografie.

② Was bedeutet Adsorptionsverhalten?

③ Wie heißen die Farbstoffe und welche E-Nummern sind ihnen zugeordnet (siehe Packungsaufdruck)?

❹ Aus wie viel Komponenten besteht der grüne Farbstoff?
Was kannst du über das Adsorptionsverhalten der Komponenten sagen?

Geräte und Materialien

2 Petrischalen
3 Bechergläser (100 ml)
Lupe
2 Siebe mit unterschiedlichen Maschenweiten (z. B. übliche Teesiebe mit ca. 0,4 bzw. 0,8 mm Maschenweite)
Glasstab
pH-Papier (abzudeckender pH-Bereich ca. 3,5 bis 8)

Chemikalien

Brausepulver (z. B. Ahoj-Brause, Himbeer)
Leitungswasser

! Sicherheitshinweise

keine

Entsorgung

Alle Produkte (auch die Ausgangsprodukte) können in den Hausmüll bzw. in den Abfluss entsorgt werden.

Versuchsanleitung

1. Schütte den Inhalt eines Tütchens Brausepulver in die Petrischale und betrachte das Pulver durch die Lupe. Kannst du unterschiedliche Kristalle erkennen?
2. Kennzeichne drei Bechergläser mit „Grobfraktion", „Mittelfraktion" und „Feinfraktion".
3. Danach siebe den gesamten Inhalt des Tütchens durch das grobere Sieb in eine Petrischale. Den Siebrückstand (so nennt man den Teil des Siebguts, der im Sieb zurückbleibt) kippst du in das Becherglas „Grobfraktion".
4. Den Rest in der Petrischale siebst du noch einmal durch das feinere Sieb in ein zweites Becherglas „Feinfraktion". Den Siebrückstand dieser Siebung kippst du in das 3. Becherglas mit der Kennzeichung „Mittelfraktion".
5. Sieh dir die drei Fraktionen an. Notiere die Unterschiede der Körnchen.
6. Versetze die Grobfraktion mit ca. 50 ml Wasser.
   a) Rühre zunächst nicht um. Was beobachtest du?
   b) Danach rührst du mit dem Glasstab um, bis die Körnchen aufgelöst sind. Stippe mit dem Finger in die Lösung und probiere. Notiere den Geschmack.
   c) Danach misst du den pH-Wert.
   d) Trage deine Beobachtungen in die Tabelle unten ein.
7. Danach versetzt du das Becherglas mit der Mittelfraktion ebenfalls mit 50 ml Wasser.
   a) Zunächst nicht rühren. Was passiert mit dem Rückstand? Notiere deine Beobachtungen.
   b) Dann rühre mit dem Glasstab um, probiere vorsichtig: nicht trinken, sondern mit dem Finger ins Glas stippen und Finger ablecken. Miss anschließend den pH-Wert.
8. Das Gleiche wiederholst du mit der Feinfraktion: 50 ml Wasser hinzufügen – beobachten – umrühren – vorsichtig probieren – pH-Wert messen.

Aufgaben

① Trage deine Versuchsbeobachtungen in die ersten drei Spalten der Tabelle ein:

	Geschmack	Farbe	Schäumen	pH-Wert	vermuteter Inhaltsstoff
Becherglas „Grob“					
Becherglas „Mittel“					
Becherglas „Fein“					

② Schau auf die Verpackung des Brausepulvers: Welche Inhaltsstoffe sind dort aufgeführt?

③ Versuche zuzuordnen: Welche Fraktion entspricht welchem Zusatzstoff? Berücksichtige, dass auf der Zutatenliste die Inhaltsstoffe in der Reihenfolge ihrer Mengen stehen. Trage deine Vermutung in die 4. Spalte der Tabelle ein. Wie könntest du deine Vermutungen überprüfen?

❹ Wie reagiert Natriumhydrogencarbonat in Wasser? Versuche eine Reaktionsgleichung aufzustellen.

Geräte und Materialien

1 Trinkglas
Teelöffel
Waage
Schnappdeckelgläschen
Glasstab

Chemikalien

Leitungswasser
Natriumhydrogencarbonat
Zitronensäure
Puderzucker
Himbeersirup

! Sicherheitshinweise
keine

Entsorgung

Alle Produkte (auch die Ausgangsprodukte) können in den Hausmüll bzw. in den Abfluss entsorgt werden. Falls reine Chemikalien (Natriumhydrogencarbonat bzw. Zitronensäure) verwendet wurden, kann das Produkt getrunken werden.

Versuchsanleitung

1. Kühle 100 ml Leitungswasser im Kühlschrank vor.
2. Wäge in das Schnappdeckelgläschen 1,1 g Natriumhydrogencarbonat ein und 1,2 g Zitronensäure dazu.
3. Füge einen knappen Teelöffel Puderzucker hinzu.
4. Im Becherglas mit dem gekühlten Leitungswasser mischst du durch Rühren mit dem Glasstab einen Schuss Himbeersirup unter.
5. Dann den Inhalt des Schnappdeckelgläschen in die Flüssigkeit kippen, kurz umrühren, fertig.

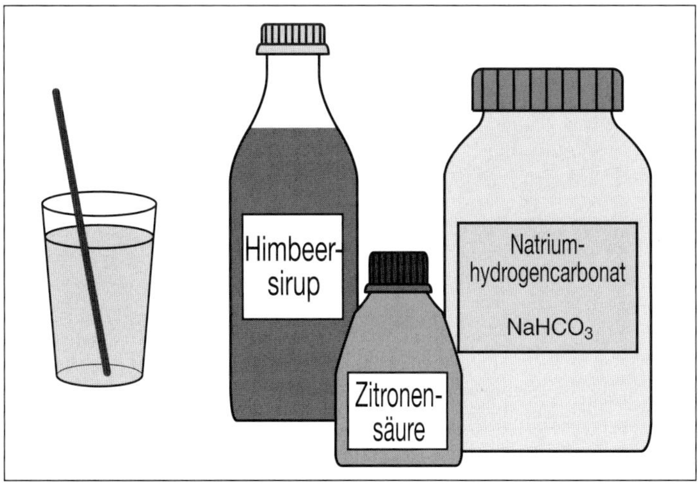

Aufgaben

① Was beobachtest du nach dem Zufügen der festen Bestandteile?

② Falls reine Chemikalien verwendet wurden, darfst du deine Brause trinken.

❸ Vervollständige die Reaktionsgleichung („HA“ benutzt man als allgemeines Symbol für Säure) :

$NaHCO_{3\,(aq)} + HA_{(aq)} \rightarrow$ ______________________________

INHALTSSTOFFE VON COLA (1) Versuch 13

Geräte und Materialien

2 Bechergläser (100 ml)
Trichter
Filterpapier
Glasstab
Stativ
pH-Papier

Chemikalien

Cola
Aktivkohle (reiner pulverisierter Kohlenstoff)

! Sicherheitshinweise

keine

Entsorgung

Alle Produkte können in den Hausmüll bzw. in den Abfluss entsorgt werden.

Versuchsanleitung

1. In ein Becherglas gibt man ungefähr 50 ml Cola und bestimmt den pH-Wert.

2. Füge ca. 5 g Aktivkohle hinzu. Was beobachtest du? Warte ca. 10 Minuten und rühre gelegentlich um.

3. Filtriere die entstandene Suspension über ein Filtrierpapier ab und fange das Filtrat in einem Becherglas auf. Wie sieht das Filtrat aus?

4. Bestimme den pH-Wert des Filtrats.

Aufgaben

① Lies dir die Zutatenliste der Cola durch. Welche Zutaten sind für den gemessenen pH-Wert verantwortlich?

② Cola und Filtrat unterscheiden sich sowohl im Aussehen als auch im pH-Wert deutlich. Welche Komponente wurde durch die Aktivkohle hauptsächlich abgetrennt?

❸ Beim Einrühren der Aktivkohle schäumt die Cola kräftig auf. Was könnte passiert sein? Versuche eine Reaktionsgleichung aufzustellen.
Tipp: Diese Reaktion liefert einen zweiten Grund, warum der pH-Wert im Filtrat höher ist als in der Originalcola.

Teil I: Aufstellung der Dichtetabelle einer Zuckerlösung

Geräte und Materialien

Messzylinder (100 ml)
Waage
Thermometer
Glasstab

Chemikalien

Haushaltszucker
Wasser

Sicherheitshinweise

keine

Entsorgung

Die Zuckerlösung kann in den Ausguss entsorgt werden.

Versuchsanleitung

1. Bestimme das Gewicht des leeren Messzylinders.

2. Gib in den Messzylinder 5 g Zucker (genau abwiegen), löse den Zucker durch Zugabe von wenig Wasser durch vorsichtiges Rühren mit dem Glasstab auf und fülle dann mit Wasser auf 100 ml auf. Du hast jetzt eine 5%-ige Zuckerlösung.

   Wichtig: Die Dichte eines Stoffes ist temperaturabhängig. Das Wasser sollte daher eine einheitliche Temperatur von 20 °C aufweisen.

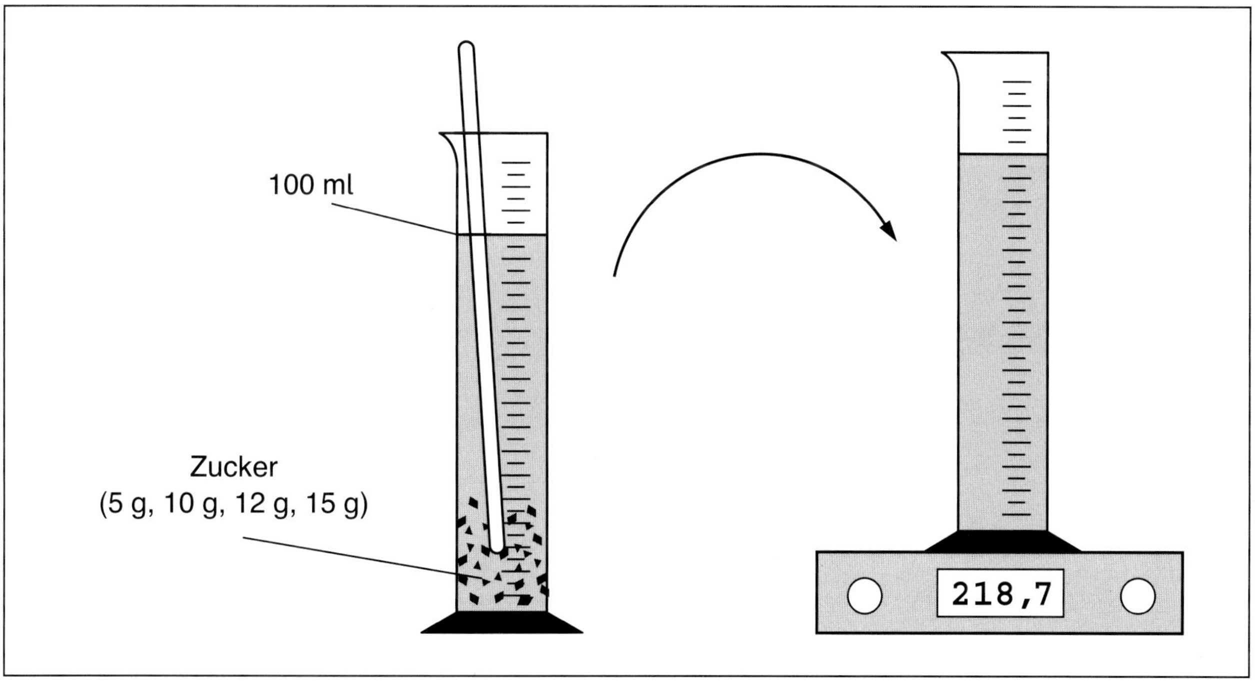

3. Bestimme die Masse des Messzylinders mit der Zuckerlösung. Trage alle Werte in die untenstehende Tabelle ein.

4. Berechne die Masse der Zuckerlösung. Berechne die Dichte der Lösung der folgender Gleichung und trage den Werte in deine Tabelle ein:

$$\text{Dichte } \rho = \text{Masse von } \frac{100 \text{ ml (g)}}{100 \text{ cm}^3}$$

Beispiel:

Masse des leeren Messzylinders (g)	Zuckereinwaage (g)	Masse des Messzylinders mit Zuckerlösung (g)	Masse der Zuckerlösung (g)	Dichte der Zuckerlösung $\left(\frac{g}{100\ ml}\right)$
98,24	5,00	200,34	102,10	1,021

Masse des leeren Messzylinders (g)	Zuckereinwaage (g)	Masse des Messzylinders mit Zuckerlösung (g)	Masse der Zuckerlösung (g)	Dichte der Zuckerlösung $\left(\frac{g}{100\ ml}\right)$
	5,00			
	10,00			
	12,00			
	15,00			

5. Wiederhole den Versuch mit Zuckerportionen von 10 g, 12 g und 15 g.

Aufgaben

① Trage die Werte für die Dichte der Zuckerlösung und Zuckereinwaage mit einem blauen Stift in ein Diagramm ein:

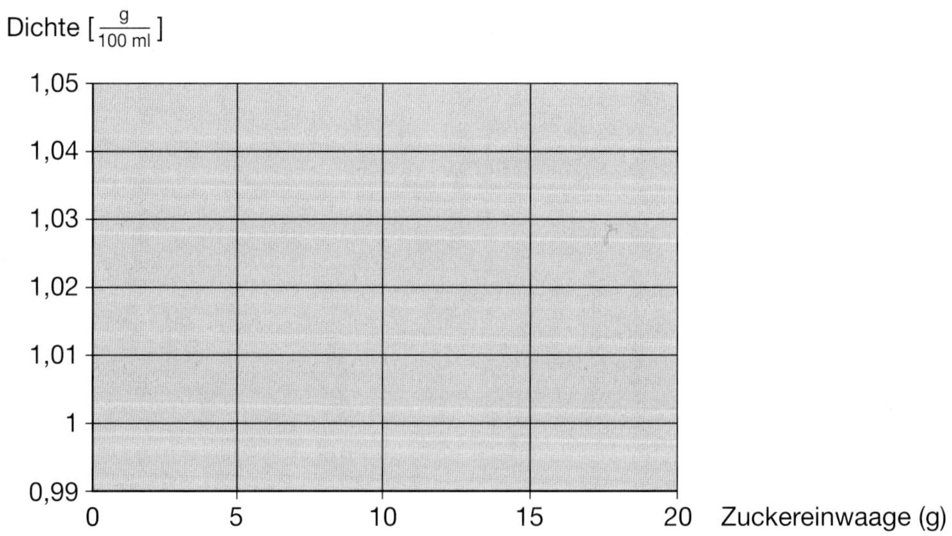

❷ Wie nennt man den mathematischen Zusammenhang zwischen den beiden bestimmten Größen?

Teil II: Bestimmung der Dichte von Cola

Geräte und Materialien

Becherglas (250 ml)
Bunsenbrenner
Keramik-Drahtnetz
Messzylinder (100 ml)
Waage
Thermometer (bis 100 °C)
Siedesteine

Chemikalien

Cola

Sicherheitshinweise

Schutzbrille tragen!

Entsorgung

Die Colalösung kann in den Ausguss entsorgt werden.

Versuchsanleitung

1. Zunächst muss aus der Cola CO_2 ausgetrieben werden. Dazu fülle das Becherglas halbvoll mit Cola und erwärme es mit dem Bunsenbrenner auf ungefähr 50 °C. Halte diese Temperatur ca. 10 Minuten lang konstant.

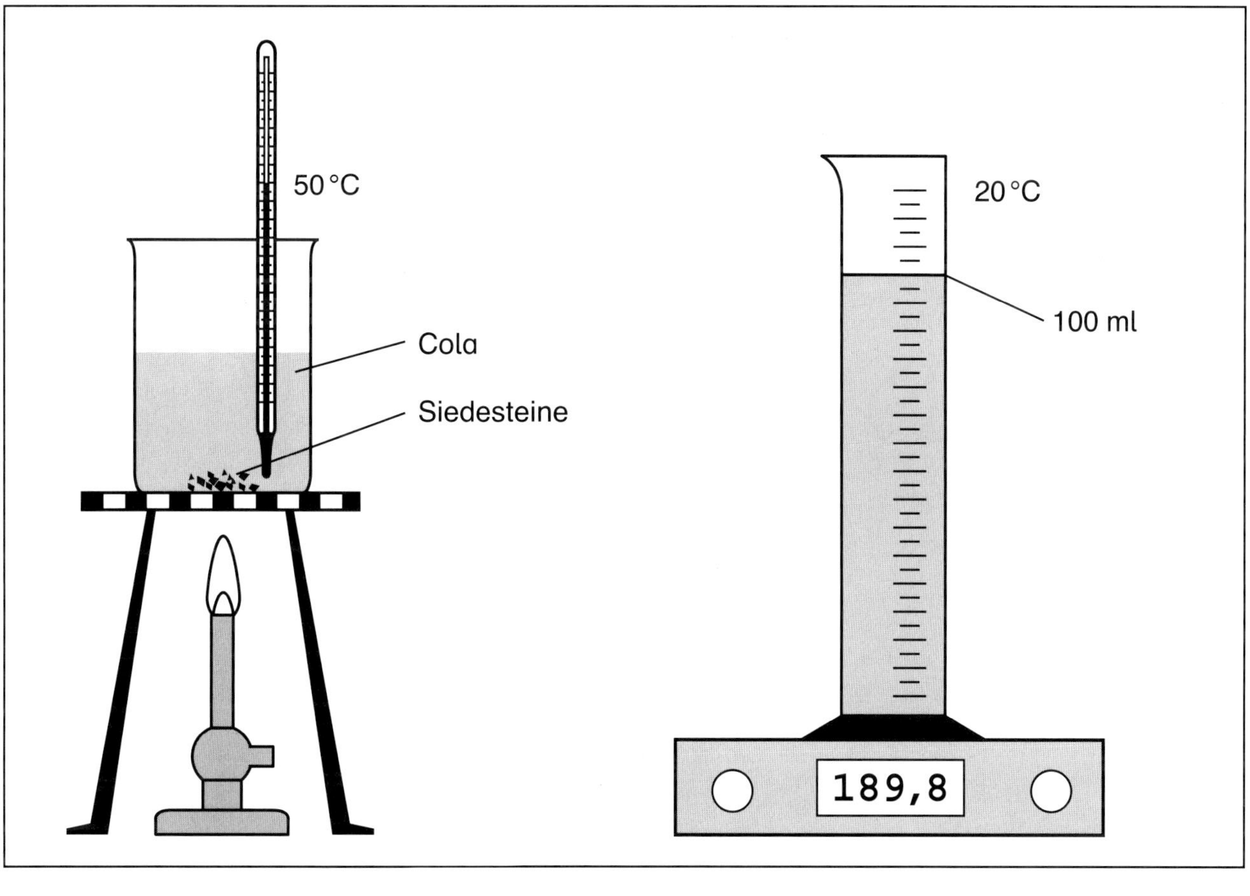

2. Bestimme das Gewicht des leeren Messzylinders.

3. Fülle dann in den Messzylinder genau 100 ml der abgekühlten Cola (ohne Siedesteine) und bestimme das Gewicht des gefüllten Messzylinders.

4. Berechne die Masse der 100 ml Cola aus der Differenz der beiden Werte (Masse des gefüllten Zylinders minus Masse des leeren Zylinders) und berechne daraus die Dichte der Cola:

$$\textbf{Dichte } \rho = \textbf{Masse von } \frac{\text{100 ml Cola (g)}}{\text{100 cm}^3}$$

Beispiel:

Masse des leeren Messzylinders (g)	Masse des Messzylinders mit Cola (g)	Masse der Cola (g)	Dichte der Cola $\left(\frac{g}{ml}\right)$
98,24	201,04	102,80	1,028

Wichtig: Die Dichte eines Stoffes ist temperaturabhängig. Die Cola sollte daher eine Temperatur von 20 °C aufweisen.

Aufgaben

① Trage den Wert für die Dichte der Cola rot in das Diagramm aus dem 1. Versuchsteil ein und ermittle die dazugehörige Zuckereinwaage.

② Wie viel Zucker enthält ein Glas Cola (250 ml) nach diesen Messungen?

③ Vergleiche deinen experimentell ermittelten Zuckergehalt mit dem, der auf dem Etikett der Colaflasche angegeben ist. Wie groß ist dein Fehler? Gib den Wert in Prozent an.

❹ Welche Fehlerquellen können dein Versuchsergebnis verfälscht haben?
Überlege: Welcher Fehler führt zu einem höheren experimentellen Zuckergehalt, welcher Fehler führt zu einem verringerten Zuckergehalt?

Teil III: Bestimmung der Dichte von Coca-Cola Zero

Geräte und Materialien

Becherglas (250 ml)
Bunsenbrenner
Keramik-Drahtnetz
Messzylinder (100 ml)
Waage
Thermometer (bis 100 °C)
Siedesteine

Chemikalien

Coca-Cola Zero

Sicherheitshinweise

Schutzbrille tragen!

Entsorgung

Die Colalösung kann in den Ausguss entsorgt werden.

Versuchsanleitung

1. Zunächst muss aus der Cola CO_2 ausgetrieben werden. Dazu fülle das Becherglas ungefähr halbvoll mit Cola und erwärme es mit dem Bunsenbrenner auf ungefähr 50°C. Halte diese Temperatur ungefähr 10 Minuten lang konstant.

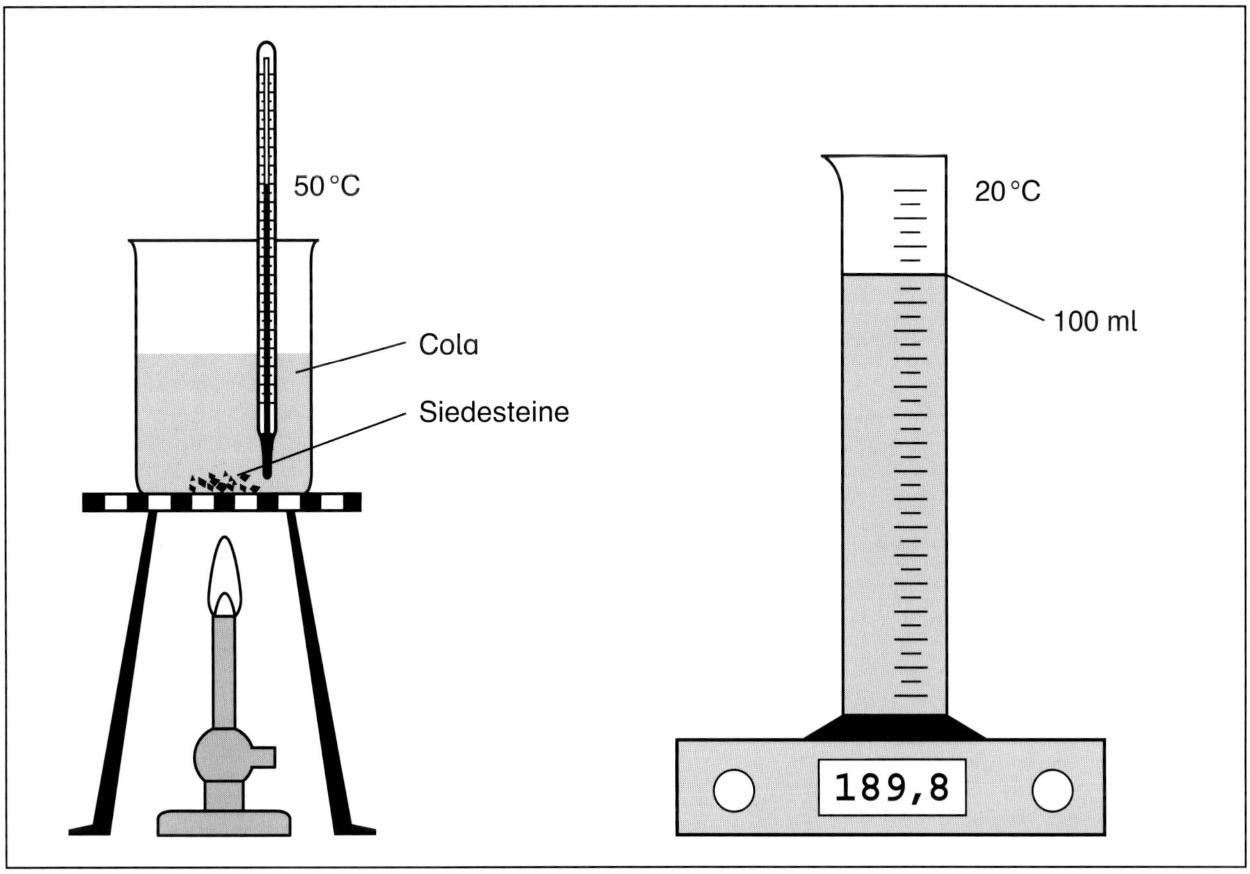

2. Bestimme das Gewicht des leeren Messzylinders.

3. Fülle dann in den Messzylinder genau 100 ml der abgekühlten Cola (ohne Siedesteine) und bestimme das Gewicht des gefüllten Messzylinders.

4. Berechne die Masse der 100 ml Cola aus der Differenz der beiden Werte (Masse des gefüllten Zylinders minus Masse des leeren Zylinders) und berechne daraus die Dichte der Cola:

$$\textbf{Dichte } \rho = \textbf{Masse von } \frac{\text{100 ml Cola Zero (g)}}{\text{100 cm}^3}$$

Beispiel:

Masse des leeren Messzylinders (g)	**Masse des Messzylinders mit Cola Zero (g)**	**Masse der Cola Zero (g)**	**Dichte der Cola Zero** $\left(\frac{g}{ml}\right)$
98,24	198,31	100,07	1,001

Wichtig: Die Dichte eines Stoffes ist temperaturabhängig. Die Cola sollte daher eine Temperatur von 20 °C aufweisen.

Aufgaben

① Trage den Wert für die Dichte der Coca-Cola Zero in das Diagramm aus dem 1. Versuchsteil in Grün ein und ermittle die dazugehörige Zuckereinwaage.

② Wie viel Zucker enthält Coca-Cola Zero?

③ Vergleiche die Etiketten: Welche Stoffe ersetzen den Zucker? Warum hat Coca-Cola Zero eine geringere Dichte als normale Cola?

④ Vergleiche die Brennwerte von Coca-Cola und Coca-Cola Zero.
Was bedeutet das für den Konsumenten?

⑤ Recherchiere: Welche Nachteile haben die eingesetzten Zuckerersatzstoffe?

Geräte und Materialien

Rundkolben mit Destillationsbrücke
Thermometer
Gummisstopfen mit Bohrung
Becherglas
Wasserbad
Stativ mit Stativmaterial
Bunsenbrenner
Streichholz
Porzellanschale
Siedesteinchen
feuchtes Tuch

Chemikalien

Rotwein

Sicherheitshinweise

Schutzbrille tragen!

Entsorgung

Nach dem Abkühlen der Apparatur den Kolbeninhalt in den Ausguss dekantieren (oder filtrieren), damit die Siedesteinchen nicht in den Ausguss gelangen! Die Siedesteinchen können (nach dem Abspülen) weiterverwendet werden.

Versuchsanleitung

1. Baue die Apparatur nach der Skizze zusammen.
2. Entzünde den Bunsenbrenner und beginne so die Destillation.
3. Beobachte den Kolben und achte auf Destillationsvorgänge. Wenn an der Destillationsbrücke Flüssigkeitströpfchen zu beobachten sind, kühle die Brücke mit einem feuchten Tuch.
4. Fange das Destillat im Becherglas auf.
5. Wenn die Temperatur 90 °C erreicht hat, beendest du die Destillation durch Ausschalten des Brenners.
6. Gib einige Tropfen des Destillats in eine Porzellanschale und zünde es an.

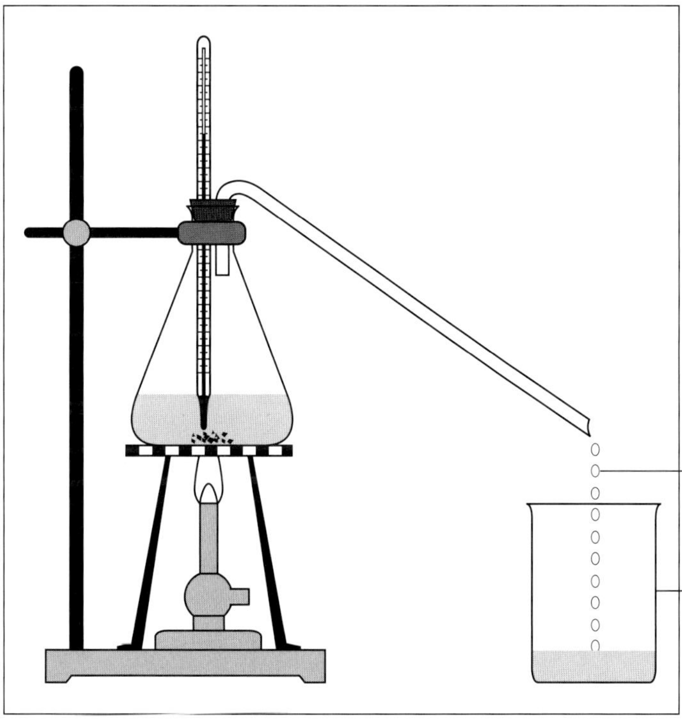

a) ______________________

b) ______________________

Aufgaben

① Erkläre den Begriff „Destillation“. Schlage die Begriffe „Vorlage“ und „Destillat“ nach und trage sie in die obenstehende Abbildung ein.

② Nenne die beiden Hauptbestandteile von Rotwein.

③ Schlage die Siedepunkte nach. Welchen Bestandteil hast du abdestilliert?

❹ Dieser Zeitungsartikel erschien am 3.4.2009 im „Hamburger Abendblatt“:

NORDDEUTSCHLAND

Schüler starb an Methanolvergiftung

Die Obduktion der Gerichtsmediziner hat bei Rafael N. (21) einen Wert von 2,0 Promille Methanol im Blut ergeben. Bereits 0,2 Promille Methanol können tödlich sein ...

Der Lübecker Schüler Rafael N. (21) ist an einer Methanolvergiftung gestorben. Das hat die Obduktion des Hamburger Instituts für Rechtsmedizin ergeben, welches in Amtshilfe für die Lübecker Staatsanwaltschaft tätig geworden war. „Es wurde ein Wert von 2,0 Promille festgestellt“, sagte Wilhelm Möllers, Sprecher der Staatsanwaltschaft, dem Hamburger Abendblatt. Bereits 0,2 Promille Methanol können tödlich sein.

Wie berichtet war Rafael N. nach einem Trinkgelage auf einer Klassenreise in der Türkei tot in seinem Hotelzimmer gefunden worden. Zwei Klassenkameraden liegen mit schwerer Alkoholvergiftung weiter im Koma. Der Gesundheitszustand von vier weiteren Jugendlichen soll sich stabilisiert haben.

Methanol ist häufig Bestandteil von selbstgebrannten Alkoholika und ist hochgiftig, weil es in der Leber zu Formaldehyd und später zu Ameisensäure umgewandelt wird. sba

a) Stelle die Eigenschaften von Methanol und Ethanol einander gegenüber!

b) Warum ist Methanol häufig Bestandteil selbstgebrannter Alkoholika?

c) Recherchiere: Warum ist Methanol so gefährlich?

Geräte und Materialien

Brenner
Becherglas
Pistill und Mörser
Filter mit Filtrierpapier
Haushaltsmesser
Glasflasche mit Stopfen
kleine Pipette mit Pipettierhütchen
Reagenzgläser

Chemikalien

Wasser
1 frisches Blatt Rotkohl
Haushaltsessig
Seifenlösung

Sicherheitshinweise

Schutzbrille tragen!

Entsorgung

Alle Produkte (auch die Ausgangsprodukte) können in den Hausmüll bzw. in den Abfluss entsorgt werden.

Versuchsanleitung

1. Schneide ein Rotkohlblatt in feine Streifen und zerquetsche diese im Mörser zu Brei.

2. Koche den Brei ungefähr 10 Minuten in wenig Wasser (nicht mehr als 100 ml).

3. Nach dem Abkühlen filtriere den Rotkohlsaft in eine Flasche mit Tropfpipette.

4. Bereite je ein Reagenzglas mit Essiglösung (ca. 2 ml Essig + 2 ml Leitungswasser), mit Seifenlösung (1 Tropfen handelsübliche Flüssigseife + ca. 4 ml Leitungswasser) sowie mit reinem Leitungswasser (ungefähr 4 ml) vor.

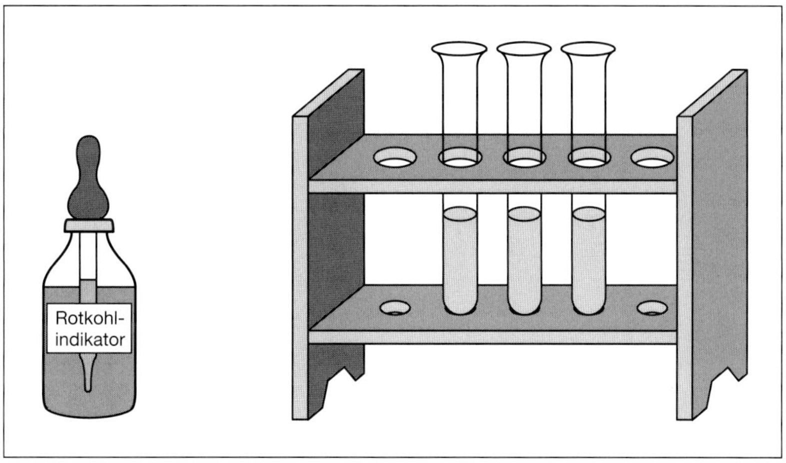

5. Füge mithilfe der Tropfpipette in jedes Reagenzglas einige Tropfen des Rotkohlindikators, bis du einen Farbumschlag siehst. Was beobachtest du?

Aufgaben

① Fülle die Tabelle aus und überlege, welche Substanz jeweils für den pH-Wert der getesten Substanz verantwortlich ist. Ziehe dabei die Angabe der Inhaltsstoffe zurate. Sind dort Säuren oder Laugen aufgeführt?

Getestete Substanz			
Färbung			
verantwortliche Säure bzw. Lauge			

② Welche Farbindikatoren kennst du noch?

③ Im Norden Deutschlands sagt man Rotkohl, das gleiche Gemüse heißt im Süden häufig Blaukraut. Was sagt das über die jeweilige Zubereitungsweise aus?

④ Es gibt Büsche (z. B. Hortensien), die blühen in manchen Gärten rosa, in anderen aber blau. Kannst du dir vorstellen, woran das liegt?

Geräte und Materialien

25-ml-Bürette mit Stativ
Weithals-Erlenmeyerkolben (250 ml)
10-ml-Vollpipette (bei der Titration von Essig)
5-ml-Vollpipette (bei der Titration von Essigessenz)
Pasteurpipette mit Pipettierhütchen

Chemikalien

Essigprobe
destilliertes Wasser
1-molare Natronlauge ($c = 1 \frac{mol}{l}$)
Bromthymolblaulösung

Sicherheitshinweise

Schutzbrille tragen!

Entsorgung

Restliche Natronlauge im Behälter für Säuren und Laugen sammeln, die restliche Lösung im Becherglas kann in den Abfluss geschüttet werden.

Versuchsanleitung

1. Pipettiere 10 ml Essig (bzw. 5 ml Essigessenz) in den Erlenmeyerkolben und verdünne den Essig mit destilliertem Wasser auf ca. 50 ml. Gib ca. 5 Tropfen Bromthymolblaulösung hinzu. Welche Färbung nimmt die Lösung an?
   Fülle die Bürette mit der Natronlauge und notiere den Füllstand:

Bürettenstand vorher (ml)	Bürettenstand nachher (ml)	Verbrauch Natronlauge (ml)

   Nun gib tropfenweise Natronlauge zu der Essiglösung. Während der Titration solltest du den Kolben gelegentlich schwenken, damit sich der Inhalt gut vermischt. Besonders gut kannst du Farbumschläge erkennen, wenn du unter den Kolben ein weißes Blatt Papier legst.
   Achtung: Die Farbe des neutralen Bromthymolblaus ist grün, danach (ab pH = 7,2) schlägt die Farbe noch einmal um (nach blau).

2. Notiere den Füllstand an Natronlauge, wenn der Farbumschlag der Lösung erreicht ist. Berechne den Verbrauch der Natronlauge aus der Differenz.

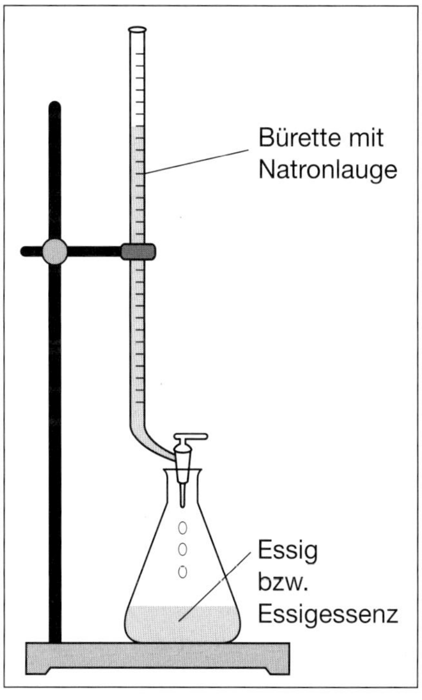

Aufgaben

① Bei dieser Titration reagiert Essigsäure (CH_3COOH) mit Natronlauge zu Natriumacetat (CH_3COONa) und Wasser. Formuliere die Reaktionsgleichung.

❷ Berechne, wieviel Prozent Essigsäure in der titrierten Lösung (Titrand) enthalten war: Dazu berechnest du zunächst die im Essig enthaltene Masse Essigsäure durch Einsetzen des Verbrauchs an Natronlauge in die folgende Formel:

Masse Essigsäure [g] = Verbrauch Natronlauge [g] · 0,06

Gehe dabei für die Natronlauge von einer Dichte von 1 $\frac{g}{ml}$ aus (1 ml Natronlauge ≙ 1 g Natronlauge).
Berechne nun, wie viel Prozent Essigsäure deine Essigprobe enthält. Berücksichtige dabei, ob du Essig titriert hast (10 ml) oder Essigessenz (5 ml).

③ Recherchiere: Wie ist im Lebensmittelrecht der Begriff „Essig" geregelt?
Was versteht man unter „Essigessenz"?
Entspricht der von dir untersuchte Essig der gesetzlichen Regelung?

Geräte und Materialien

Becherglas (100 ml)
Erlenmeyerkolben (100 ml)
Thermometer
Spatel
Heizplatte

Chemikalien

Leitungswasser
wen. demineralisiertes Wasser
Abflussreiniger (Granulat)
abgeschnittene Haare oder Fingernägel, Wollreste
Alufolie

Sicherheitshinweise

Unter dem Abzug arbeiten!
Schutzbrille tragen!

Entsorgung

Die Reste des Abflussreinigers im Behälter für Säuren und Laugen sammeln. Falls nötig, nicht aufgelöste feste Bestandteile vorher abfiltrieren.

Versuchsanleitung

Teil 1 (Unter dem Abzug arbeiten!)

1. Fülle das Becherglas mit ca. 50 ml Leitungswasser und notiere die Temperatur.
2. Füge 2 Spatel Abflussreiniger hinzu und beobachte die Temperatur der Lösung. Falls sich der Abflussreiniger nicht löst, nimm das Thermometer aus der Lösung und schwenke den Kolben vorsichtig (**Nicht mit dem Thermometer rühren!**) und notiere dann die Temperatur.
3. Befeuchte ein Stück pH-Papier mit demineralisiertem Wasser und halte es in die Öffnung des Erlenmeyerkolbens, dabei nicht die Wandung berühren. Was beobachtest du?

Teil 2 (Unter dem Abzug arbeiten!)

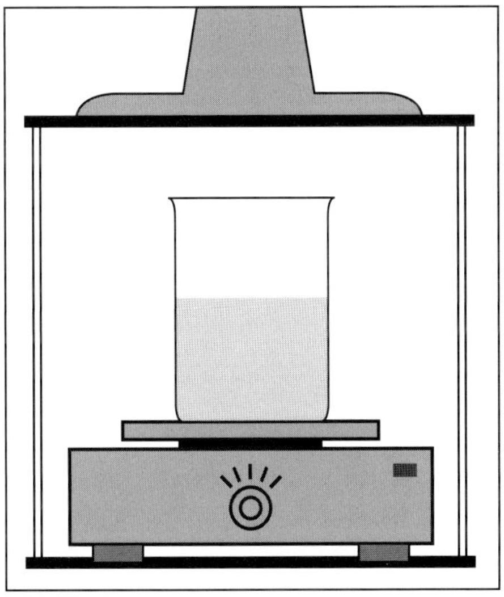

4. Füge zu der Abflussreinigerlösung aus Teil 1 Haare, Wollreste oder abgeschnittene Fingernägel hinzu und koche die Mischung einige Minuten unter Rühren auf der Heizplatte. Was beobachtest du? **Achtung: Die Lösung kann spritzen!**
5. Befeuchte ein neues Stück pH-Papier mit demineralisiertem Wasser und halte es in die Öffnung des Erlenmeyerkolbens, dabei nicht die Wandung berühren. Was beobachtest du nun? Teste durch Zufächeln vorsichtig den Geruch.

Teil 3 (Unter dem Abzug arbeiten!)

6. Fülle einen 100-ml-Erlenmeyerkolben mit ca. 50 ml Leitungswasser und füge dann 2 Spatelspitzen Abflussreiniger hinzu. Nun knäuel ein Stückchen Alufolie zu einem nussgroßen Stück zusammen und gib es zu der Abflussreinigerlösung. Was beobachtest du?
7. Warte einige Minuten und versuche dann, mit einem glimmenden Holzspan das entstehende Gas zu entzünden.

Aufgaben

① Warum wird die Lösung des Reinigers in Wasser warm?

② Welches Gas ist in Teil 2 entstanden? Welches in Teil 3?

❸ Warum sollten Backbleche aus Aluminium nicht zur Herstellung von Laugengebäck verwendet werden?

Geräte und Materialien

Bürette mit Stativ
Trichter
Magnetrührer mit Rührschwein
2 Bechergläser (100 ml, 250 ml)
Messzylinder (100 ml)
Uhrglas
Pasteurpipette mit Pipettierhütchen
Waage

Chemikalien

demineralisiertes Wasser
Abflussreiniger (Granulat)
1-molare Salzsäure ($c = 1 \frac{mol}{l}$)
Phenolphthaleinlösung

Sicherheitshinweise

Schutzbrille tragen!

Entsorgung

Restliche Salzsäure im Behälter für Säuren und Laugen sammeln, die titrierte – neutrale – Lösung im Becherglas kann in den Abfluss geschüttet werden.

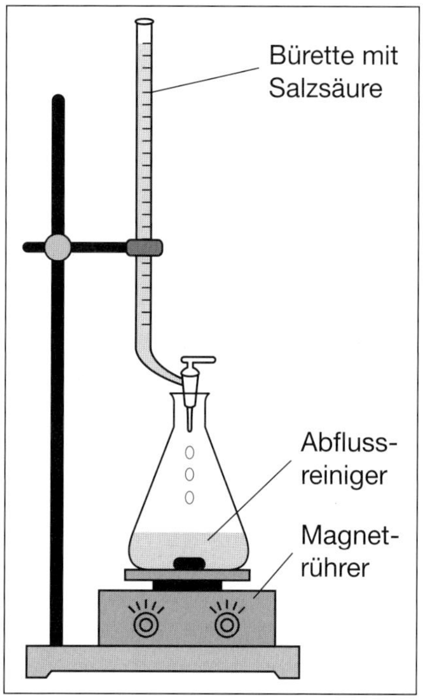

Versuchsanleitung

1. Wiege genau 1 g des Abflussreinigers ab und versetze das weiße Granulat in dem 250-ml-Becherglas mit ca. 100 ml demineralisiertem Wasser. Dann rühre den Inhalt des Becherglases mithilfe des Magnetrührers so lange, bis sich die weißen Kügelchen komplett gelöst haben. Gib ca. 5 Tropfen Phenolphthaleinlösung hinzu. Was passiert mit der Lösung?

2. Fülle die Bürette mithilfe des Tichters mit der Salzsäurelösung und notiere den Füllstand der Bürette in der unten stehenden Tabelle.

3. Nun gib tropfenweise Salzsäure zu der Lösung des Rohrreinigers (Titration). Während der Titration bleibt der Magnetrührer in Betrieb, sodass deine Lösung ständig gerührt wird.

4. Notiere den Verbrauch an Salzsäure bis zum Farbumschlag der Lösung. Berechne aus der Differenz den Salzsäureverbrauch.

Bürettenstand vorher (ml)	Bürettenstand nachher (ml)	Verbrauch Salzsäure (ml)

Aufgaben

① Berechne, wie viel festes Natriumhydroxid in der eingewogenen Masse Abflussreiniger enthalten war: Dazu setzt du den Verbrauch an Salzsäure in die folgende Formel ein (Gehe dabei von einer Dichte von $1 \frac{g}{ml}$ aus: 1 g = 1 ml):

Masse Natriumhydroxid [g] = Verbrauch Salzsäure [g] · 0,04

② Berechne nun, wie viel Prozent Natriumhydroxid (bezogen auf die Masse) der Abflussreiniger enthält. Vergleiche deinen Wert mit dem auf der Packung angebenen Wert, falls dort eine Prozentzahl angeben ist.

Geräte und Materialien

4 Reagenzgläser im Reagenzglasständer
2 kleine Trichter
weißes Filterpapier mit 3–4 cm Durchmesser (oder weiße Kaffeefilter)
pH-Papier
Pasteurpipette mit Pipettierhütchen
Fön
Spatel

Chemikalien

2 verschiedene Sanitärreiniger (flüssig)
(1) säurehaltig
(2) chlorhaltig
Malventeeaufguss (oder anderer stark färbender Pflanzenextrakt wie z. B. Rotkohlsaft)
Leitungswasser
Calciumcarbonat

! Sicherheitshinweise

Schutzbrille tragen!
Unbedingt unter dem Abzug arbeiten!
Falls die Reiniger auf die Haut gelangen sollten, mehrere Minuten mit Wasser abspülen.

Entsorgung

Die Reste des säurehaltigen Reinigers im Behälter für Säuren und Laugen sammeln, die Reste des chlorhaltigen Reinigers im Behälter für halogenhaltige Substanzen. Auf gar keinen Fall beide Reiniger in einen Behälter entsorgen!

Versuchsanleitung

Wichtig: Führe alle Versuche unter dem Abzug durch!

1. Tränke das weiße Filterpapier mit dem Malventeeaufguss. Anschließend wird das Papier getrocknet. Wenn es schnell gehen soll, benutze einen Fön. Der Vorgang ist zu wiederholen, bis das Papier eine kräftige Färbung hat.

2. Markiere die Trichter mit (1) für den säurehaltigen Reiniger und mit (2) für den chlorhaltigen Reiniger. Fülle dann mithilfe des jeweiligen Trichters je ca. 1 ml der beiden Sanitärreiniger in je ein – ebenfalls mit (1) und (2) gekennzeichnetes – Reagenzglas.

3. Miss mit dem pH-Papier den pH-Wert und notiere die Werte in der unten stehenden Tabelle.

4. Füge zu dem säurehaltigen Sanitärreiniger in Reagenzglas (1) ca. 0,5 ml Essigessenz hinzu (eine halbe Pasteurpipette voll). Findet eine Reaktion statt?

5. Bedecke danach die Öffnung des Reagenzglases mit dem rotgefärbten Filterpapier. Warte einige Minuten und prüfe, ob sich das Papier verändert.

6. In der Zwischenzeit füge zu dem chlorhaltigen Sanitärreiniger in Reagenzglas (2) ca. 0,5 ml Essigessenz hinzu (eine halbe Pasteurpipette voll). Findet hier eine Reaktion statt?

7. Prüfe durch **vorsichtiges, kurzes Zufächeln** den Geruch des Gases.

8. Bedecke danach schnell den Deckel des Reagenzglases mit dem rotgefärbten Filterpapier. Warte auch hier einige Minuten und prüfe, ob sich das Papier verändert.

9. Befülle zwei neue Reagenzgläser mit je 1 ml der Reiniger: (1a): säurehaltig, (2a) chlorhaltig und füge jeweils eine Spatelspitze Calciumcarbonat hinzu. Notiere die Reaktion.

	(1) säurehaltiger Reiniger	(2) chlorhaltiger Reiniger
pH-Wert		
Reaktion mit Essigessenz		
Entfärbung des Filterpapiers		
Reaktion mit Calciumcarbonat		

Aufgaben

① Wie wirken die verschiedenen Reinigertypen auf Verfärbungen bzw. kalkige Belege im Badezimmer? Betrachte dazu deine Versuchsbeobachtungen.

② Auf der Flasche des chlorhaltigen Reinigers steht: *Enthält Natriumhypochlorit. Zerfällt bei der Anwendung zu Wasser, Sauerstoff und Kochsalz!* Welches Reaktionsprodukt ist für die Wirkung des Reinigers verantwortlich?

③ Auf der Flasche mit dem säurehaltigen Reiniger ist unter anderem folgender Warnhinweis des Herstellers gegeben: *Nicht für Marmor geeignet!*
a) Welcher deiner Versuche zeigt, was dann passiert?
b) Versuche, eine Reaktionsgleichung aufzustellen.

Hinweis: Falls der Hersteller unter den Inhaltsstoffen des säurehaltigen Reinigers nur den Oberbegriff „mineralische Säuren" vermerkt hat, gehe für diese Aufgabe davon aus, dass der Reiniger Salzsäure (HCl) enthält.

④ Auf der Flasche mit dem chlorhaltigen Reiniger warnt der Hersteller: *Nicht zusammen mit anderen Reinigern verwenden!* Was kann dann passieren?

❺ Am 5. 10. 2007 erschien in der Zeitung „Die Welt" folgender Zeitungsartikel:

Giftiges Gemisch

54 Verletzte bei Chlorgas-Unfall in Frankfurt

Chlorlauge und Salzsäure haben sich bei einem Unfall auf dem Gelände einer Transportfirma in Frankfurt zu einem hochgiftigen Gemisch vereinigt und so eine ätzende Wolke produziert. 54 Arbeiter wurden verletzt, einer davon schwer.

Bei einem Chemieunfall in Frankfurt sind am Freitagvormittag 54 Menschen verletzt worden. Nach ersten Ermittlungen von Feuerwehr und Polizei hatte ein Arbeiter auf dem Gelände eines Chemikalienhandels im Stadtteil Fechenheim Salzsäure aus einem Tankwagen in einen falschen Stutzen geleitet. Dort reagierte die Säure sofort heftig mit Chlorlauge (Hypochlorit), sodass eine unsichtbare Wolke giftigen Chlorgases entstand. Wegen der geringen Windgeschwindigkeit löste sich die Wolke nur langsam auf, sodass etliche Menschen starke Atembeschwerden und Husten erleiden mussten.

Stelle die Reaktionsgleichung für die Reaktion auf, die zu dem Unfall führte.

Arbeitsblatt Gefahrensymbole S. 7–9

1. a) Gefahrenklasse: Zerstörung von Haut oder Augen
   Beschreibung: Produkt kann Haut oder Augen schon nach kurzem Kontakt schädigen
   Zu beachten: Haut schützen (z. B. durch Handschuhe, Kittel), Schutzbrille tragen
   b) Gefahrenklasse: Tödliche Vergiftung
   Beschreibung: Produkt kann auch in kleinen Mengen (eingeatmet oder verschluckt) zu schweren Verletzungen oder zum Tod führen
   Zu beachten: Keinen direkten Kontakt zulassen, höchste Vorsicht
   c) Gefahrenklasse: Gefährlich für Tiere und Umwelt
   Beschreibung: Produkte schädigen die Umwelt
   Zu beachten: fachgerecht entsorgen (nicht in den Hausmüll oder ins Abwasser)
   d) Gefahrenklasse: Gesundheitsgefährdung
   Beschreibung: Produkte gefährden die Gesundheit (wirken z.B. hautreizend oder allergieauslösend), allgemeiner Hinweis auf Gefahren
   Zu beachten: Haut und Augen schützen
   e) Gefahrenklasse: schwerer Gesundheitsschaden
   Beschreibung: Produkte können die Gesundheit schwer schädigen, (wirken z.B. krebserzeugend)
   Zu beachten: Haut und Augen schützen, keinen direkten Kontakt zulassen, Vorsicht

2. a) B; b) B,D,E

3. a) Flasche B ist neu.
   b) Hinzugekommen ist das Gefahrensymbol „schwerer Gesundheitsschaden“!

Arbeitsblatt Laborgeräte S. 11

Aufgabe 1

① a) Stativ b) Dreifuß c) Gasbrenner
d) Thermometer e) Kühlrohr f) Erlenmeyerkolben
g) Becherglas

❷ Destillation

❸ Siedesteinchen (verhindern einen Siedeverzug, d. h. das plötzliche Herausspritzen der siedenden Flüssigkeit)

Aufgabe 2

① a) Bürette b) Stativ c) Becherglas
d) Magnetrührer e) Peleusball f) Vollpipette
g) Stehkolben (auch: Standkolben)

❷ Für die Titration

❸ Rührschwein oder Rührfisch

Versuch 1: Arbeiten mit dem Bunsenbrenner S. 24

①

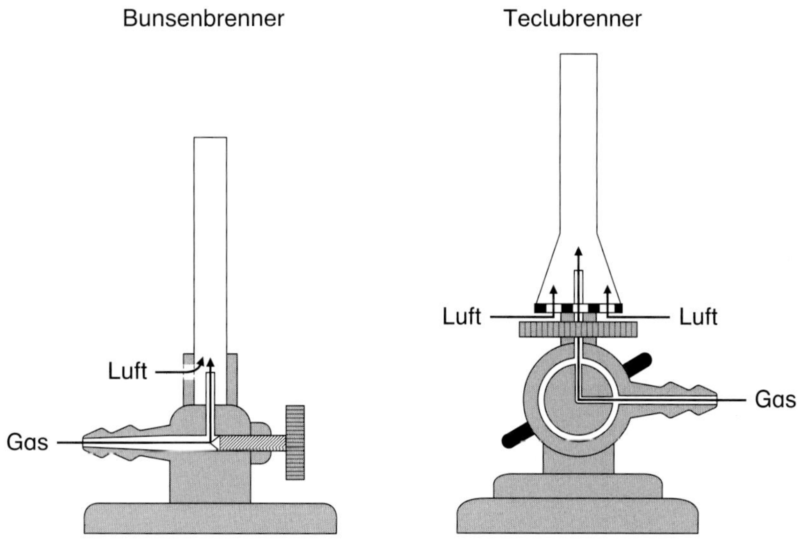

②

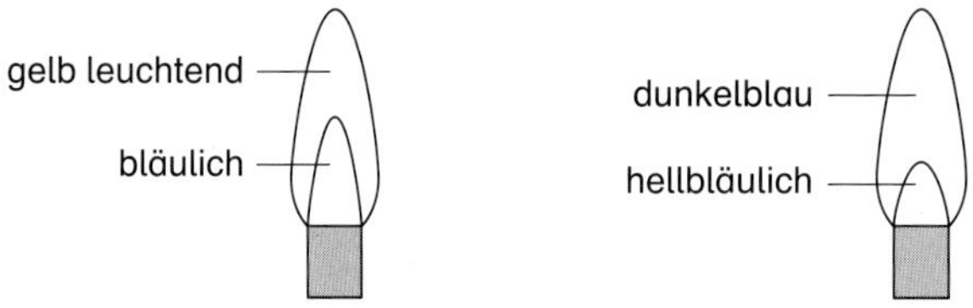

Leuchtende Flamme Rauschende Flamme

③

Flammentyp	Einstellung Gaszufuhr/Luftzufuhr	Eigenschaften	max. Temperatur
Sparflamme	fast geschlossen / geschlossen	geringer Gasverbrauch, nicht sehr heiß	350
leuchtende Flamme	geöffnet / geschlossen	gelb leuchtend, mit dunklem Kern, rußend, da wegen Sauerstoffmangel das Gas nicht vollständig verbrennt	900
nicht leuchtende Flamme	geöffnet / halb geschlossen	fast farblos, mittelheiß	1200
rauschende Flamme	geöffnet / geöffnet	hellblauer Kegel über dem Brennerrohr, sehr heiß über dem Kegel, im Kegel „kalt" (ca. 300 °C)	1300

④ Durch die Luftzufuhr von unten und durch den kegelförmigen Kamin wird beim Teclubrenner eine bessere Vermischung und dadurch höhere Temperatur erreicht.

Versuch 2: Brennbarkeit von Metallen in Abhängigkeit von der Oberfläche S. 26

① Eisenwolle hat eine wesentlich größere Oberfläche (Zerteilungsgrad) als Eisenblech. Dadurch findet der Sauerstoff mehr Zutritts- und damit Reaktionsmöglichkeiten.
② Erst kleinere Holzpäne zum Brennen bringen, dann damit große Holzscheite entzünden.
③ Oxidation
④ Eisen + Sauerstoff → Eisenoxid
⑤ Die Balkenwaage kommt aus dem Gleichgewicht, da durch die Oxidation der Eisenwolle Eisenoxid entstanden ist, das schwerer ist als das elementare Eisen voher.
⑥ Eisenwolle: reines Eisen, Stahlwolle: Eisen mit Kohlenstoff, dadurch härter

Versuch 3: Entzündungstemperaturen verschiedener Stoffe S. 27

① Reihenfolge der Entzündbarkeit: Spiritus, Streichholzkopf, Zeitungspapier,Holzstück oder Holzkohle (in Abhängigkeit von der Größe), Magnesiumband

② Spiritus ist leicht entzündlich.

③

④ Ethanol verbrennt – über einige Zwischenstufen- zu Kohlendioxid (gasförmig), Magnesium verbrennt zu Magnesiumoxid (fest).

Versuch 4: Brennt der Trichter? S. 28

① Wasser senkt die Entzündungstemperatur des Papiers.
② Entzug des Sauerstoffs z. B. durch Schaumlöscher oder durch Brandschutzdecken, Entzug des brennbaren Materials z. B. durch Schneisen bei Waldbränden oder durch Abdrehen des Gashahns bei Gasbränden
③ Löschdecke

Versuch 5: Wir löschen Feuer! S. 29

① CO_2
② CO_2 ist schwerer als Luft.
③ Die Kerze ist durch den Entzug des Sauerstoffs erloschen.

Versuch 6: Wir lassen Eisen rosten! S. 30

① Eisen + Sauerstoff + Wasser → Eisenhydroxid
❷ Beispiel: $4\ Fe^{2+} + O_2 + 10\ H_2O \rightarrow 4\ Fe(OH)_3 + 8\ H^+$
❸ besserer Sauerstoffzutritt

Versuch 7: Folgen des Sauren Regens S. 31

① Die Substanzen in den Reagenzgläsern reagieren mit der verdünnten Schwefelsäure. Es entsteht ein Gas. Beispiel: Calciumcarbonat + Schwefelsäure → Calciumsulfat + Wasser + Kohlendioxid
② Saurer Regen entsteht aus der Reaktion von Stickoxiden bzw. Schwefeloxiden mit Wasser. Dabei entsteht beispielsweise schweflige Säure ($SO_2 + H_2O \rightarrow H_2SO_3$). Der saure Regen weist einen pH-Wert von weniger als 4 auf.
③ Die Kalksteinplatten des Schlosses haben mit dem Sauren Regen reagiert. Es ensteht Calciumsulfat (Gips). Gips nimmt viel mehr Wasser auf als Calciumcarbonat, dadurch bröckelt die Fassade ab und es wachsen Algen daran.
④ Die Front des Schlosses Neuschwanstein wird inzwischen mit Silikon- oder Acrylharzlackierungen geschützt.

Versuch 8: Trennen eines Stoffgemisches S. 32

①

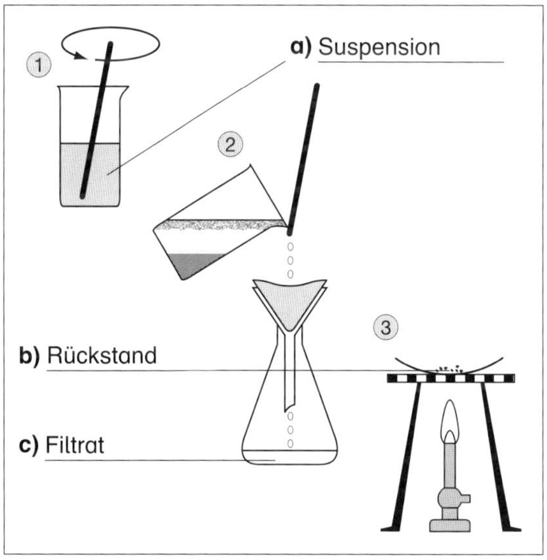

② Dekantieren, Filtrieren, Eindampfen
③ spezifisches Gewicht, Löslichkeit, Siedepunkt
④ Homogene Gemische: Traubensaft, Luft
Heterogene Gemische: Hausmüll, Brausepulver
⑤ z. B. Destillation, Chromatographie

Versuch 9: Auftrennung der Komponenten einer Filzstiftfarbe S. 33

① Die meisten Filzstiftfarben bestehen aus zwei Komponenten, schwarze und braune Filzstifte bestehen aus drei Komponenten.
② Die Komponenten der Filzstiftfarbe werden unterschiedlich stark an das Trägermaterial (Papier) adsorbiert.
③ Bei chromatografischen Trennverfahren nutzt man die unterschiedliche Verteilung zweier Komponenten eines Stoffgemischs zwischen zwei Phasen aus. Dabei dient eine Phase als stationäre Phase (hier: Papier), die die Komponenten unterschiedlich stark adsorbiert. Die stationäre Phase wird dabei vom Laufmittel, der mobilen Phase, durchwandert (hier: Wasser).
❺ Die Komponenten eines Eddings sind wasserunlöslich, Wasser ist also in diesem Fall als Laufmittel nicht geeignet, da es den aufgemalten Filzstiftpunkt nur durchströmt, ihn dabei aber unverändert lässt. Verwendet werden müsste ein hydrophoberes Lösungsmittel, z. B. Aceton.

Versuch 10: Untersuchung von Lebensmittelfarben S. 34

① Stationäre Phase: Beschichtung der DC-Platte, z. B. SiO_2 oder Al_2O_3
Mobile Phase: Wasser

② Mit Adsorptionsverhalten ist das unterschiedlichen Anhaften (Adsorbieren) der verschiedenen Farben an die stationäre Phase gemeint.

③ Häufig verwendet werden folgende Farben: Chinolingelb (E 104), Patentblau V (E 131), Cochenillerot A (E 124), Eisenoxide und -Hydroxide (E 172).

❹ Meistens besteht der grüne Farbstoff aus Chinolingelb und Patentblau V. Der Farbstoff, der weiter nach außen gewandert ist, ist weniger stark an die stationäre Phase adsorbiert.

Versuch 11: Inhaltsstoffe von Brausepulver S. 35

① Trage deine Versuchsbeobachtungen in die ersten drei Spalten der Tabelle ein:

	Geschmack	Farbe	Schäumen	pH-Wert	vermuteter Inhaltsstoff
Becherglas „Grob“	süß	fast farblos	keine Gasentwicklung	ca. 6	Zucker
Becherglas „Mittel“	laugig	je nach Geschmacksrichtung unterschiedlich	schäumt heftig: Gasentwicklung	ca. 6	Natriumhydrogencarbonat
Becherglas „Fein“	sehr sauer	je nach Geschmacksrichtung unterschiedlich	schäumt heftig: Gasentwicklung	ca. 4	Weinsäure

② Zutatenliste für Ahoj-Brausepulver: Zucker, Säuerungsmittel: L+-Weinsäure, Natriumhydrogencarbonat, Süßstoffe, Aroma, Farbstoffe (E 160a, E 160e, E 163, E 141).

③ Siehe Tabelle zu Frage 1.
Zum Überprüfen die reinen Substanzen testen.

❹ Es entwickelt sich gasförmiges Kohlendioxid nach folgender Reaktion:

$$Na^+{}_{(aq)} + HCO_3^- + \text{Weinsäure}_{(aq)} \rightarrow H_2CO_{3\,(aq)} + \text{Natriumtartrat}_{(aq)}$$

$$H_2CO_{3\,(aq)} \rightarrow CO_2\uparrow + H_2O_{(l)}$$

Versuch 12: Herstellung eines Brausegetränks S. 37

① Die Lösung sprudelt auf (Gasentwicklung).

❸ $NaHCO_{3\,(aq)} + HA_{(aq)} \rightarrow CO_2\uparrow + H_2O_{(l)} + NaA$
(Bei der Reaktion entsteht das Natriumsalz der verwendeten Säure.)

Versuch 13: Inhaltsstoffe von Cola (1) S. 38

① Phosphorsäure, Kohlensäure

② Durch die Aktivkohle wird besonders gut der organische Farbstoff Zuckerkulör abgetrennt, deshalb ist das Filtrat klar.

❸ An der aktiven Oberfläche der feinverteilten Kohle findet die Reaktion

$$H^+ + HCO_3 \rightarrow CO_2\uparrow + H_2O$$

statt und es entweicht Kohlendioxid. Außerdem wird teilweise die Phosphorsäure abgetrennt.

Versuch 14: Inhaltsstoffe von Cola (2) S. 39

Teil I

① So ungefähr könnte dein Diagramm aussehen:

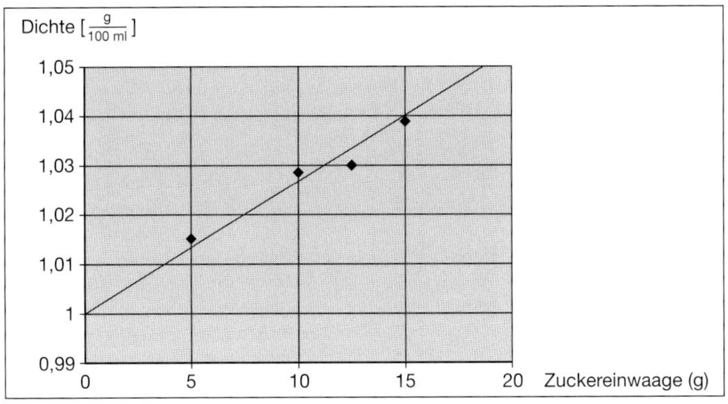

❷ direkt proportional

Teil II

①

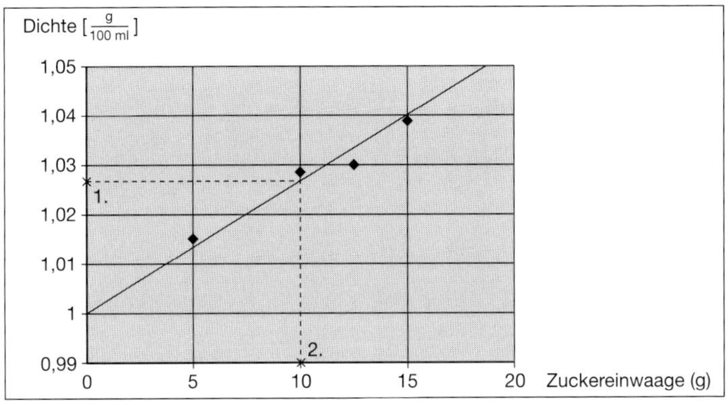

1. Experimentell ermittelte Dichte der Cola
2. Aus der Dichte der Cola ermittelter Zuckergehalt von 100 ml Cola

② Die in Aufgabe 1 erhaltene Zuckereinwaage (ermittelt für 100 ml Cola) multipliziert mit 2,5 ergibt den Zuckergehalt pro Glas.

③ Auf dem Flaschenetikett von Coca-Cola ist der Zuckergehalt (Saccharose) pro 250 ml (Portion) angegeben: 27 g. Beispielrechnung: Bei einem experimentellen Ergebnis von 25 g Zuckergehalt in der Cola wurden 25 : 27 · 100 = 93 % des angebenen Zuckergehalts gefunden. Der Fehler liegt also bei 7 %.

❹ Folgende Fehler sind möglich:
a) zu starke Erhitzung → Abdampfen von Wasser → Zuckerkonzentration zu groß
b) zu schwaches Erhitzen → CO_2 bleibt in Cola, täuscht zu geringe Dichte vor → Zuckerkonzentration zu klein
c) Cola zu wenig abgekühlt → Dichte zu klein → zu geringe Zuckerkonzentration
d) ungenaue Einwaagen, Abmessungen der Wasserportion → Fehler in beide Richtungen

Teil III

①

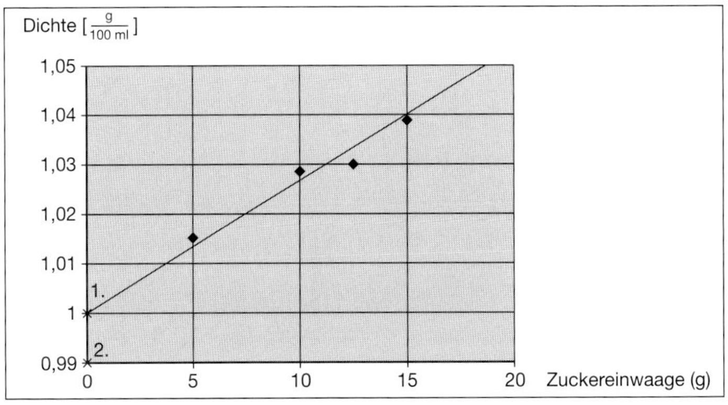

1. Experimentell ermittelte Dichte von Cola Zero
2. Aus der Dichte von Cola Zero ermittelter Zuckergehalt von Cola Zero

② Coca-Cola Zero enthält keinen Zucker.

③ Zuckeraustauschstoffe in Coca-Cola Zero: Natriumcyclamat, Acesulfam-K, Aspartam
Die Zuckeraustauschstoffe liegen bei 20° zwar ebenfalls durchgehend kristallin vor, im Unterschied zu Zucker wird jedoch wesentlich weniger Substanz zum Süßen benötigt. Diese geringen Mengen beeinflussen die Dichte der Lösung nicht.

④ Brennwert Coca-Cola: 105 kcal/250 ml, Brennwert Coca-Cola Zero: 0 kcal/250 ml

⑤ Ein Teil der Zuckerersatzstoffe steht im Verdacht, krebserzeugend zu sein.

Versuch 15: Destillation von Rotwein S. 45

① Destillation nennt man die Trennung der Einzelflüssigkeiten eines Flüssigkeitengemischs durch Ausnutzen der unterschiedlichen Siedepunkte. Der leichter siedende Bestandteil verdampft zuerst und kann als Destillat in der Vorlage (z. B. einem Becherglas) aufgefangen werden.

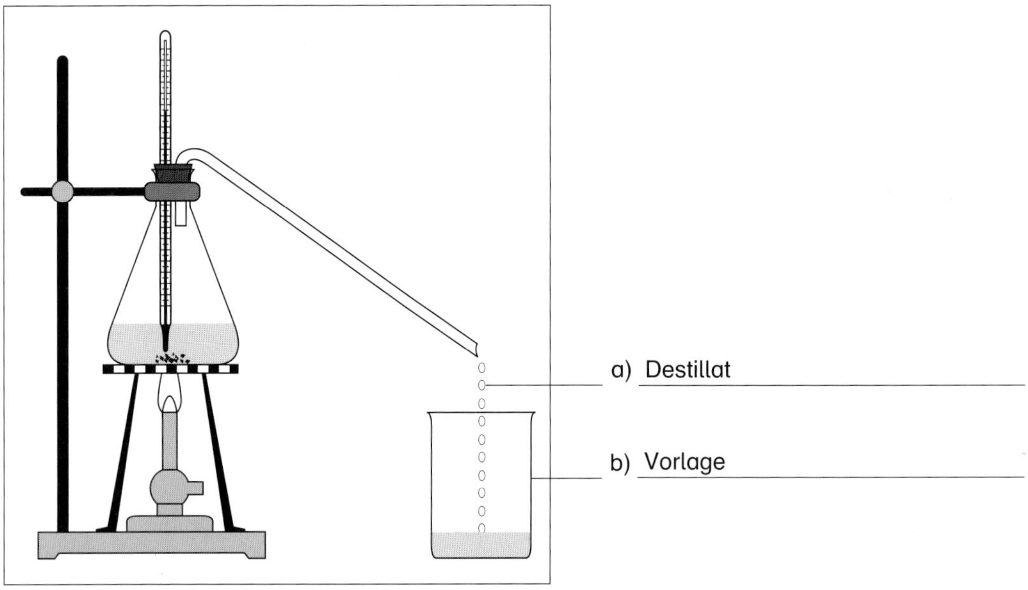

② Wasser: Siedepunkt 100 °C; Ethanol: Siedepunkt 78 °C

③ Abdestillierter Bestandteil: Ethanol

❹ a)

Eigenschaft	Methanol	Ethanol
Strukturformel	CH_3OH	C_2H_5OH
Molmasse	32,04 g/mol	46,07 g/mol
Siedepunkt	64,5 °C	78,3 °C
Gehalt in Rotwein	< 120–200 mg/l	12 Vol %
Tödliche Konzentration (Blut)	0,2 ‰	4–5 ‰
Preis (Stand: 05/2009)	je nach Reinheitsgrad ab 35 €/l	je nach Reinheitsgrad (unvergällt) ab 15 €/l

b) Beim Brennen von Schnaps entsteht unter anderem auch etwas Methanol. Durch die ähnlichen Siedepunkte können Methanol und Ethanol durch einfache Destillation schlecht voneinander getrennt werden. Manchmal wird jedoch Schnaps auch mit Methanol versetzt, da dieser wesentlich preiswerter ist und sich geschmacklich und optisch kaum von Ethanol unterscheidet.

c) Methanol wird im Körper zu Ameisensäure abgebaut und diese sammelt sich dort an. Dies kann zu einer lebensgefährlichen Vergiftung führen.

Versuch 16: Herstellen eines Säure-Base-Indikators S. 47

①

Getestete Substanz	Haushaltsessig	Seifenlösung	Leitungswasser
Färbung	pink	grün	lila
verantwortliche Säure bzw. Lauge	Essigsäure	je nach verwendeter Seife z. B. Natriumsulfat	-

② z. B. Phenolphthalein, Lackmuspapier

③ In Norddeutschland wird Rotkohl meist mit Äpfelschnitzeln zubereitet, diese erzeugen durch die Fruchtsäure roten Rotkohl. In Süddeutschland ist dies nicht üblich, dann bleibt der Kohl eher bläulich.

④ Hortensien verdanken ihre unterschiedliche Blütenfärbung der gleichen Farbstoffgruppe wie Rotkohl (Anthocyanfarbstoffe). Diese haben in Abhängigkeit vom pH-Wert des Bodens unterschiedliche Farben (niedriger pH-Wert = < 5: blaue Blütenfärbung, pH > 6: Blütenfarbe rosa).

Versuch 17: Wie viel Essigsäure enthält Essig? S. 49

① $CH_3COOH_{(aq)} + NaOH_{(aq)} \rightarrow CH_3COONa_{(aq)} + H_2O$

② Beispielrechnung:
8,3 ml Natronlauge (entspricht 8,3 g) wurde zur Titration von 10 ml Essig gebraucht: Masse (Essigsäure) = 8,3 g · 0,06 = 0,5 g
Prozentualer Anteil: 0,5 g Essigsäure in 10 ml = 5 %

③ Die „Verordnung über den Verkehr mit Essig und Essigessenz" von 1972, zuletzt geändert 2006, legt für Essige Essigsäuregehalte von 5–15,5 % fest, Essigessenz darf 15,2 bis 25 % Essigsäure enthalten. Der getestete Essig entspricht also der Verordnung.

Versuch 18: Wie wirkt Abflussreiniger? S. 51

① Hydratationswärme durch Lösung der Abflussreinigerkristalle

② Teil 2: Ammoniak durch den Stickstoffgehalt organischer Materialien Teil 3: Wasserstoff

❸ Laugengebäck wird durch Bestreichen des Gebäcks mit verdünnter Natronlauge oder Natriumhydrogencarbonatlösung hergestellt. Bei der Kombination von Laugen und Aluminium können Aluminate entstehen, die ins Gebäck übergehen können.

Versuch 19: Wie viel Natriumhydroxid enthält Abflussreiniger? S. 52

① Beispielrechnung:
Verbrauch Salzsäure: 22,5 ml = 22,5 g (Dichte der Salzsäure: $1 \frac{g}{ml}$)
Eingesetzt in die Formel: Masse (Natriumhydroxid) = 22,5 g • 0,04 = 0,9 g

② 1 g Abflussreiniger enthält (nach dem Beispiel aus 1.) 0,9 g Natriumhydroxid, das entspricht 90 %.

Versuch 20: Wie wirken Sanitärreiniger? S. 53

① Säurehaltige Reiniger: entkalkend, nicht entfärbend
Chlorhaltiger Reiniger: entfärbend, nicht entkalkend

② (naszierender) Sauerstoff

③ a) Marmor besteht aus einem Gemisch aus Calciumcarbonat, Magnesiumcarbonat sowie $CaMgCO_3$.
Durch den Reiniger löst sich der Marmor auf (siehe Punkt 5 der Versuchsanleitung).
b) $CaCO_3 + 2\,HCl \rightarrow CaCl_2 + CO_2 + H_2O$

④ Bei der Verwendung chlorhaltiger Reiniger zusammen mit säurehaltigen Reinigern entsteht gasförmiges Chlor.

❺ $NaOCl + H^+ + Cl^- \rightarrow Cl_2 + H_2O + NaCl$

Quellenverzeichnis

S. 6 Text/Beschreibung Gefahrensymbole: Bundesinstitut für Risikobewertung

S. 46 Schüler starb an Methanolvergiftung, aus: Hamburger Abendblatt vom 1. April 2009, dpa/lno 01. 04. 2009

S. 54 54 Verletzte bei Chlorgas-Unfall in Frankfurt, Copyright 2007 Reuters. Reprinted with permission from Reuters. Reuters content is the intellectual property of Reuters or its third party content providers. Any copying, republication or redistribution or Reuters content is expressly prohibited without the prior written consent of Reuters. Reuters shall not be liable for any errors or delays in content, or for any actions taken in reliance thereon. Reuters and the Reuters Sphere Logo are registered trademarks of the Reuters group of companies around the world. For additional information about Reuters content and services, please visit Reuters website at www.reuters.com.
License # REU-6155-MES

Notizen:

Naturwissenschaften spannend und abwechslungsreich

Petra Pichlhöfer

Rätselblätter Physik

50 Kopiervorlagen für die Sekundarstufe I

Unterrichten Sie Physik in der 5. bis 10. Jahrgangsstufe? Dann sind Sie mit diesen Rätselblättern top ausgerüstet. Damit erarbeiten und wiederholen Sie alle wichtigen Themen des Physikunterrichts. Praktisch: Mithilfe des ausführlichen Lösungsteils können die Schülerinnen und Schüler ihren Wissensstand selbstständig überprüfen.

Ob allein oder im Team, Ihr Physikunterricht weckt den Forschergeist!

Mappe mit Kopiervorlagen, 50 Seiten, DIN A4
5. bis 10. Klasse
Best.-Nr. 2600

Wolfgang Wertenbroch

Physik

Statische Elektrizität und Elektronik

Glühbirne, Radio, Staubsauger oder Kühlschrank – Elektrizität und Elektronik gehören zu unserem Alltag. Mit den vielen Aufgaben wecken Sie Neugier und Entdeckerfreude. Mit übersichtlichen Experimentieranleitungen können ihre Schülerinnen und Schüler Versuche zur statischen Elektrizität durchführen und einfache professionelle Schaltungen mit elektronischen Bauteilen aufbauen. Dabei wird bis hin zum Löt-Diplom selbstständig gelötet, gesteckt oder geschraubt. Mit vielen Fotos, Zusammenfassungen und Lösungsvorschlägen zur Selbstkontrolle.

In Ihrem Unterricht ist Energie drin!

Mappe mit Kopiervorlagen, 51 Seiten, DIN A4
5. bis 10. Klasse
Best.-Nr. 2485

Anne Hartmann, Silke Klöver

Was hat das Klima mit uns zu tun?

Grundwissen - Klimawandel - Zukunft

Alles prima mit dem Klima? Bei weitem nicht. Wie vermitteln Sie Schülerinnen und Schülern Grundlagenwissen? Wie wirkt sich das Klima kulturell und sozial auf den Menschen aus? Die handlungsorientierten Kopiervorlagen thematisieren die verschiedenen Aspekte aus unterschiedlichen Blickwinkeln und helfen Ihren Schülern, Wissen mit eigenen Antworten zu verknüpfen. Das weckt Betroffenheit und motiviert zu einem bewussten Handeln im Alltag.

So vermitteln Sie ein überlebenswichtiges Thema hautnah!

Buch, 100 Seiten, DIN A4
7. bis 10. Klasse
Best.-Nr. M343

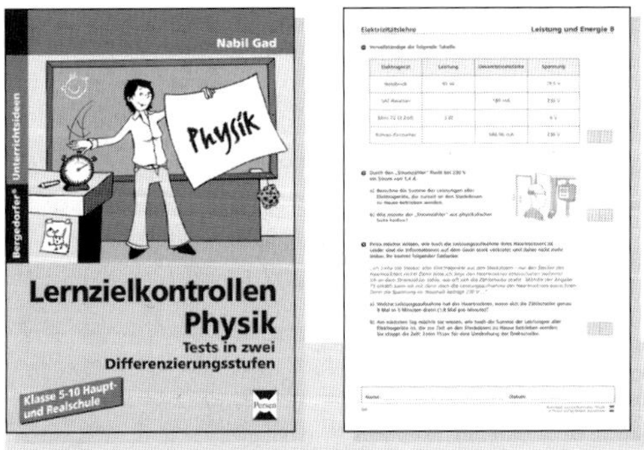

Nabil Gad (Hrsg. M. Bettner/E. Dinges)

Lernzielkontrollen Physik

Test in zwei Differenzierungsstufen

Was ist vom Physikunterricht bei den Schülerinnen und Schülern hängen geblieben? Wo besteht individueller Förderbedarf? Diese Fragen können Sie jetzt schnell und einfach beantworten! Das Buch bietet zu allen wesentlichen Themenbereichen und Klassenstufen des Physikunterrichts der Sekundarstufe I ausgereifte und sofort einsetzbare Lernzielkontrollen. Eigenes mühevolles Konzipieren entfällt, und die übersichtlichen Lösungsseiten ermöglichen zügiges Korrigieren. Die Lernzielkontrollen liegen in zwei Differenzierungsstufen vor, sodass Sie die Schüler gezielt auf eine Klassenarbeit vorbereiten oder individuelle Förderbedürfnisse bestimmen können.

Aus dem Inhalt: Wellen, Wärmelehre, Mechanik, Elektrizitätslehre, Energie, Radioaktivität

So überprüfen Sie einfach und effektiv den Leistungsstand der Schüler im Fach Physik!

Buch, 104 Seiten, DIN A4
5. bis 10. Klasse
Best.-Nr. 3366

Unser Bestellservice:

Das komplette Verlagsprogramm finden Sie in unserem Online-Shop unter

www.persen.de

Bei Fragen hilft Ihnen unser Kundenservice gerne weiter.

Deutschland: ✆ 0 41 61/7 49 60-40 · Schweiz: ✆ 052/366 53 54 · Österreich: ✆ 0 72 30/2 00 11